高职高专公共基础课系列教材

高职生职业生涯规划与就业指导

主　编　左　红

副主编　张　鑫

参　编　姜　宇　　王　静　　杨冠男

　　　　岳香君　　韩李梅　　付丽娜

　　　　刘新航

西安电子科技大学出版社

内 容 简 介

本书针对职业院校学生的特点，按照紧贴国家政策、紧贴职场动态、紧贴学生需求的要求编写，以期帮助学生合理认识自我，建立职业生涯规划意识，积极挖掘自我成长成才潜能，制订大学学习行动计划，提高专业技能，提升综合竞争力，从而达到帮助、指导高职学生择业与就业的目的。

全书包含概述、自我认知与职业发展、就业能力的培养和提升、高职生职业生涯规划、就业选择与求职准备、就业权益与保护、职业适应与发展，共 7 章内容。

本书可作为高职高专院校学生职业生涯规划与就业指导课程教材，也可作为一般读者求职与进行职业生涯规划的参考用书。

图书在版编目 (CIP) 数据

高职生职业生涯规划与就业指导 / 左红主编 . -- 西安：西安电子科技大学出版社 , 2024.8 (2025.7重印). -- ISBN 978-7-5606-7400-1

Ⅰ. G717.38

中国国家版本馆 CIP 数据核字第 20242AS968 号

策　　划　李鹏飞　杨航斌
责任编辑　李　明
出版发行　西安电子科技大学出版社 (西安市太白南路 2 号)
电　　话　(029) 88202421 88201467　　　　邮　编　710071
网　　址　www.xduph.com　　　　　　电子邮箱　xdupfxb001@163.com
经　　销　新华书店
印刷单位　西安创维印务有限公司
版　　次　2024 年 8 月第 1 版　2025 年 7 月第 2 次印刷
开　　本　787 毫米 × 1092 毫米　1/16　印 张 9.75
字　　数　205 千字
定　　价　39.00 元
ISBN 978-7-5606-7400-1
XDUP 7701001-2

PREFACE
前言

　　党的二十大报告提到人才强国战略，明确把大国工匠和高技能人才作为人才强国战略的重要组成部分。高职院校办学有着很强的行业特性和职业特点，培养的人才具有职业化特征，是大国工匠和高技能人才培养的重要平台。培育和发展新质生产力，创新是核心要素，基础和先导靠教育，因此要通过教育来培养拔尖创新人才。高职院校培养的高素质技术技能人才如果不能满足用人单位的需要，学生创新意识不强，就会直接影响就业质量。因此，学校要在落实"立德树人"根本任务的基础上，加强就业观教育，引导学生德技并修、德智体美劳全面发展。学校要加强学生职业生涯规划和就业指导工作，抓住就业指导课程的重要抓手，积极构建并完善全员参与的就业育人体系，进一步提高人才培养质量，为国家输送创新人才，满足新质生产力的发展需求。

　　在全面建设社会主义现代化国家的新征程中，职业教育前途广阔、大有可为。国家提出职业教育要深入推进育人方式、办学模式、管理体制、保障机制改革，稳步发展职业本科教育，建设一批高水平职业院校和专业，推动职普融通，增强职业教育的适应性，加快构建现代职业教育体系，培养更多高素质技术技能人才、能工巧匠、大国工匠；弘扬工匠精神，提高技术技能人才的社会地位，为全面建设社会主义现代化国家、实现中华民族伟大复兴的中国梦提供有力的人才和技能支撑。

　　作为将要进入就业市场的高职院校学生，应该深入了解就业形势，对自身有正确的认知，认真思考自己的职业生涯应当如何展开，并掌握就业政策，提高就业能力，通过在校的就业指导，全方位提高职业素养，实现自身发展。具体来说，就是在思想上树立竞争意识，在行动上加强专业知识的学习和职业能力的提升，使自己的履历更加丰满，提升自己在未来职场上的竞争力。

　　本书紧密结合"立德树人"根本任务，以"德技并修"为引领，根据行业与企业人才需求变化、生源变化以及大学生就业所面临的新形势、新情况和课程教学改革的实际需要，对接职业教育国家教学标准体系，特色鲜明。本书内容突出职业教育特色，理论知识与实践相结合，知识体系符合学生职业生涯规划与就业的阶段特点，将毕业生求职、面试等技能培养与高职院校的特点进行结合，具有较强的实用性和针对性，内容深入浅出，设计合理，能够满足学生的实际需求。在体例结构安排上，本书按照高职生从努力完成学业任务、规划个人职业生涯、参与社会招聘求职，到正式得到单位录用、实现角色转换和适应，再到依法维护自身权益等环节的顺序依次展开。各章节脉络十分清晰，指导详细具体，可操作性强。

本书由左红担任主编，张鑫担任副主编。具体编写分工是：整体编写工作的统筹与协调由左红负责，第一章由张鑫、刘新航编写，第二章由王静编写，第三章由韩李梅编写，第四章由姜宇、付丽娜编写，第五章由岳香君编写，第六章和第七章由杨冠男编写。参加编写的既有高职院校负责就业工作的领导和老师，也有在学生职业生涯规划与就业指导一线工作多年的专职辅导员，还有来自用人单位的带教人员。

由于编者水平有限，书中难免存在不当之处，敬请广大读者和专家批评指正。

编　者
2024 年 4 月

CONTENTS
目 录

第一章

概　述

学习目标

1. 了解高职毕业生的就业现状、就业前景和就业政策。
2. 熟悉高等职业教育的特点。
3. 掌握高职毕业生的就业方向。

学习重点

高职毕业生的就业形势、职业的含义与特点。

学习难点

正确理解高校毕业生就业新特点。

第一节　认识大学生就业

在现实生活中，很多进入高职院校的大学生，不了解高职院校与普通本科院校的根本区别，更不了解高职院校毕业生的就业形势和相关政策，缺乏清晰的职业生涯规划和个人发展目标，在三年学业结束后拿着求职材料四处投递，花费了大量时间却仍找不到自己的"用武之地"。有的同学在找工作时发现自己对所学专业的就业形势和岗位需求一无所知，有的同学发现自己在就业竞争中毫无优势，还有同学参加招聘会时面对"一定的工作经验"黯然离去……这些同学都没有真正为求职和就业做好准备。因此，在今后的学习中，同学们要对专业、职业有一个初步认知，认真分析、预判就业形势，积累相关领域的知识、技能和资源，为毕业时的求职就业做好铺垫。

一、高职毕业生面临的就业形势

就业形势对于每一位同学的求职择业都关系重大。通过分析和研判，同学们能够更加清楚自己面临的就业形势，以便提前做好准备工作。同时，就业形势还直接影响毕业生的就业去向落实率和就业质量。根据就业形势制定科学合理、符合自身实际的职业目标，并做出准确的职业生涯规划，有利于同学们更好地根据自身条件和当前面临的机遇与挑战，积极转变就业观念，实现主动就业。

（一）当前的就业现状

我国的高等教育已经实现了由"精英教育"向"大众教育"的转变，高校大学生就业已经到了一个新的阶段。当前大学生就业形势严峻，主要体现在以下几个方面。

1. 毕业生人数逐年增长

随着高校的持续扩招，我国高校毕业生人数逐年递增。根据教育部的统计（见图1-1），2013年全国普通高校毕业生总人数为699万，相比2012年毕业生总人数增加了19万；2014年全国普通高校毕业生总人数达到727万，相比上一年增长了4%；2018年全国普通高校毕业生人数首次突破820万，相比上一年增长了3.1%；2019年全国普通高校毕业生人数达到834万，相比上一年增长了1.7%；2020年全国普通高校毕业生人数达到874万，相比上一年增长了4.8%；2022年全国普通高校毕业生人数达到1076万，比上一年增长了167万；2023年全国普通高校毕业生人数增长至1158万，比上一年增长82万，毕业生人数再创历史新高。由于毕业生人数持续增长，毕业生的就业需求越来越大，所带来的就业竞争也在不断加剧。

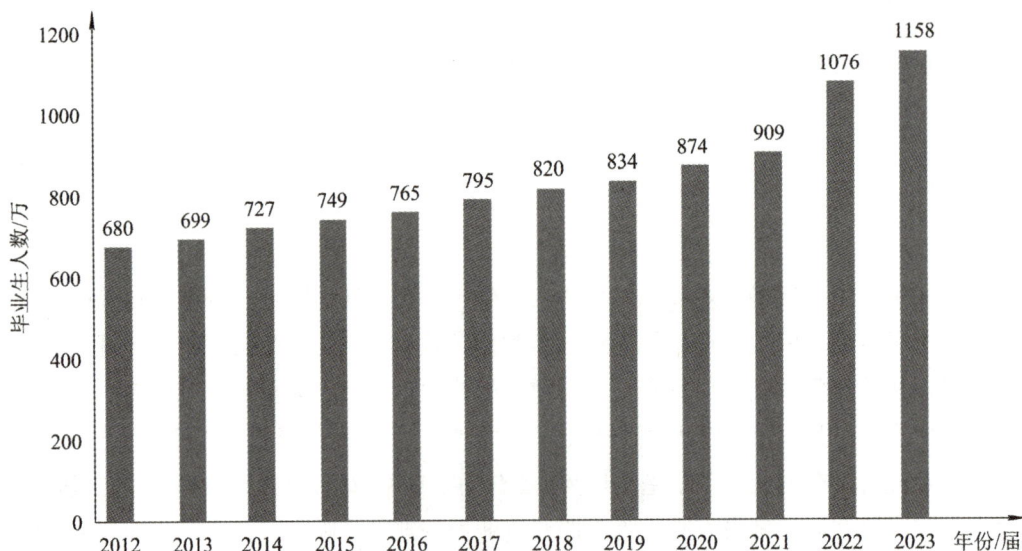

图1-1 2012—2023年全国普通高校毕业生人数统计

2.地域与层次差距扩大

地域方面，北京、上海等发达地区用人需求旺盛，需求总量大于当地的生源数；而中西部的部分省区虽然有较大的用人需求，但由于工作和生活条件一般，往往招不到合适的人才。于是出现了"有人没岗"或者"有岗没人"的现象。

层次方面，双一流高校毕业生的就业情况较好，其他院校则次之。

3.专业冷暖不一

有些大学生在高考填报志愿时，优先选择高薪行业的相关专业，结果这些所谓的"热门"专业的学生数量显著增加，"冷门"专业的学生数量急剧减少。一些具有专业特色的高校为了追求综合发展，陆续开设"热门"专业，减少"冷门"专业的设置，使得"热门"专业的人才数量远远高于市场需求，市场出现人才过剩的情况。专业冷暖不一的情况直接影响了当前大学生的就业现状，甚至出现了"热门专业就业不热，冷门专业就业不冷"的现象。

4.就业机会不均等

当前的就业形势使大学毕业生的就业途径更加灵活。多数毕业生选择通过"自主择业""竞争择业"等途径就业。由于就业市场中的法律法规并不完善，而"自主择业"又存在激烈竞争，少数单位出现了一些"关系就业"的现象，影响了就业市场中"公平、平等、竞争、择优"的原则，产生了同等教育程度下不同就业效果的现象。

此外，就业市场中的性别差异问题一直存在。尽管《中华人民共和国劳动法》明确规定"妇女享有与男子平等的就业权利"，但是在实际就业中，女性的就业岗位与男性相比还是存在一定的差异。同时，用人单位在学历、身高、相貌等方面也有限制或要求，使大学生的就业机会并不均等。

5.应届毕业生优势不明显

近年来，有些用人单位出于对工作效率、岗位技能培训成本等方面的考虑，部分岗位很少招收应届毕业生。其原因主要有两个：一是应届毕业生缺乏相关工作经验，如果先进行岗位培训，需要花费培训成本；二是应届毕业生工作心态不稳定，频繁跳槽，流失率较高，也会给用人单位带来不必要的损失。

（二）高职毕业生的就业形势

2019年，高职院校完成了116万人的扩招，是距1999年大学扩招20年后，高等教育的再次大规模扩招。2020年和2021年，高职院校又扩招了200万人，招生人数"创新高"的同时，"就业难"的问题出现了。网上的文章如《新时代呼唤大国工匠，"蓝领"就业也有春天》等对新形势下高职院校毕业生的就业形势和未来发展方向进行了详细分析。概括来说，高职毕业生的就业形势有以下两点特征。

(1) 在政策支持下，高职生的就业机会更公平了。高职生就业一直面临着"学历歧视"

的问题,一些用人单位在招聘时将准入门槛设定为普通本科及以上。因此,确保高职院校毕业生就业的稳定,需要良好的就业环境和社会氛围。我国在近几年不断推出相关政策,致力于为高职院校毕业生提供更公平的就业支持和保障。

2020年年底,教育部明确提出要推动党政机关、事业单位、国有企业带头扭转"唯名校""唯学历"的用人导向,在招聘公告和实际操作中不得将毕业院校、国(境)外学习经历、学习方式(全日制和非全日制)作为限制条件,应形成"不拘一格降人才"的用人氛围。2021年,人力资源和社会保障部发布通知,要求切实维护、保障职业院校毕业生参加事业单位公开招聘的合法权益和平等竞争机会,推动职业院校毕业生在参加事业单位招聘等方面享受与普通高校毕业生同等的待遇,释放出促进职业教育事业发展和技能人才队伍建设的明确信号。

(2) 在政策支持下,针对高职生的就业帮扶更规范了。2021年,教育部发布的《教育部关于做好2022届全国普通高校毕业生就业创业工作的通知》中提出了更具体的职业培训补贴要求:鼓励地方政府、高校和用人单位落实好将职业技能提升行动专项资金补贴性培训对象扩大至普通本科高校、中高职院校的政策。各地相继出台了新的规定,为高职院校毕业生就业提供保障,对高职院校毕业生就业给予与普通高校毕业生同等的就业扶持政策。

(三)高校毕业生就业新特点

高校毕业生就业具有以下新特点。

(1) 应届毕业生规模再创新高,就业竞争激烈。一方面,应届毕业生的规模逐年扩大,从2020年的874万人到2021年的909万人,再到2022年的1076万人,短短三年增加了202万人;另一方面,留学生回流,选择回国找工作成为新趋势,使高校毕业生面临更加激烈的竞争。

(2) 高期待、慢就业加剧。随着社会经济的快速发展,毕业生的就业观念发生转变,从"要找到一个饭碗"转变成"要找到一个金饭碗"。学生不急于找工作很大程度上是因为家长和学生本人对工作的期望值高。慢就业与社会经济发展、人均收入水平提高有着密不可分的关系。随着社会的发展,职业生涯有了更多可能,家长对孩子的选择意愿更加尊重,"毕业后马上就业"的观念也在改变。社会环境对"慢就业族"从不理解到接受、包容,是社会价值观与评价体系越来越多元化的表现。

(3) 就业心理准备不足,角色转换不及时。对于大多数大学生来说,大学阶段的生活是比较单纯并且有保障的,学习、生活都有一定的规律,这样的生活与毕业后的现实生活是有差距的。很多毕业生因为没有做好充分的心理准备而畏惧职场。因此,对于毕业生来说,要在大学生活结束之际、踏上工作岗位之前,迅速完成自我角色的转变,做好就业心理准备,摆正自己的位置,客观、冷静地进入求职状态,认识社会、了解社会,以自身的实力积极主动地去适应社会的需求。

(4) 职业能力不足，知识结构相对单一。毕业生在就业时表现出来的职业能力不足主要反映在知识结构不健全，专业知识不系统、不扎实，综合技能水平不高，缺乏一专多能的实力等方面。随着社会就业竞争的日益加剧，就业的门槛越来越高，毕业生要充分认识知识结构在求职择业中的作用，根据现代社会发展的需要发展自己，建立合格的知识结构，以提高自己在就业时的竞争力。

(5) 调研不充分，应聘前对就业单位了解不够。许多毕业生并不了解自己想要进入的就业单位的发展前景、用人制度、企业文化、人际关系等，对自己即将在一个什么样的平台上开始职场生涯只有模糊的概念，没有明确目标。毕业生求职最大的障碍之一就是不了解就业单位，即便找到了工作，也会有一个比较长的适应过程。

二、高职毕业生的就业前景

高职院校毕业生的数量不断增多，毕业生要充分利用国家政策营造出的相对宽松的市场就业环境，主动投身到就业市场中，培养适应社会、融入社会的能力，破除传统的就业观念，建立多元化的就业理念，不断提升自己的就业能力，在就业市场抢占先机。

（一）经济健康快速发展为毕业生就业提供广阔舞台

从国家社会经济发展的趋势来看，经济增长与产业结构升级将为毕业生就业创造广阔的空间。伴随我国经济结构的调整，经济发展对毕业生的需求将会更大。传统产业、行业加速转型升级，众多用人单位需要更多高素质人才的支撑，对职工文化水平和素质的要求进一步提高。

（二）就业政策的促进效应进一步发挥

就业政策的持续优化为毕业生创造了更好的就业环境。2020 年 8 月 7 日，国务院举行政策例行吹风会，解读了与就业相关的促进政策：一是"拓渠道"，支持发展各类特色小店，给予创业补贴等政策支持；推动非全日制劳动者较为集中的保洁绿化、批发零售等行业提质增容；推动网络零售、移动出行等行业发展。二是"优环境"，对在指定场所和时间内销售农副产品、日常生活用品或从事便民劳务活动符合条件的，无须办理营业执照；鼓励有条件的地方将社区综合服务设施闲置空间改造为免费的经营场地等。三是"强保障"，动态发布新职业，开展针对性的培训，拓宽公共就业信息服务范围，促进灵活就业供求对接。

（三）大学生就业形式多样化

调查发现，毕业生就业去向最多的是第三产业，其次是第二产业，最后是第一产业。从趋势上看，毕业生在医疗、社会服务、护理等行业就业的比例上升最快；在矿业、各类制造业和加工业就业的比例呈现明显下降趋势；在交通工具制造业、运输业、房地产开发销售及租赁业就业的比例呈现先快速增加、后大幅下降的明显波动态势。近几年，高职院校毕业生就业的形式灵活多样，不仅可以与用人单位签订三方协议、劳动合同就业，也可以通过"三支一扶"、高职升本、参军入伍等形式为自己的就业找到新的途径，更有优秀的毕业生以自主创业的形式顺利就业。

三、高职毕业生的就业方向

高职毕业生除可以通过与用人单位签约，考取公务员、事业单位编制等方式直接就业外，还可以选择灵活就业、自主创业和参加国家基层项目等。教育部在进行就业去向落实率的统计工作时，也将这些去向列入就业范围。

（一）主要的就业方向

1. 与用人单位签约就业

毕业生在通过双向选择确定就业单位以后，与用人单位和学校就业工作主管部门三方签订就业协议书，毕业时与用人单位签订劳动合同。

2. 到国家机关、事业单位就业

(1) 通过公务员考试就业。公务员是指依法履行公职、纳入国家行政编制、由国家财政负担工资福利的工作人员。公务员录用考试采取笔试、面试等方式进行，考试内容根据公务员应具备的基本能力和不同职位类别分别设置。招录机关根据公务员考试成绩确定考察人选，并对其进行报考资格复审、考察和体检，根据考试成绩、考察情况和体检结果，提出拟录用人员名单，并进行公示。公示期满，各级招录机关将拟录用人员名单报省级或者设区的市级公务员主管部门审批。

(2) 通过事业单位招考就业。各省各级事业单位参照公务员录用的做法，采用考试与考核相结合的办法录用工作人员，一般由各级人力资源和社会保障部门负责组织报名和公共知识的考试工作，按比例确定入围名单并向社会公示，接受监督。按照各级人力资源和社会保障部门确定的入围名单，由用人单位主管部门负责组织面试和考察，确定录用人员名单，报人事部门备案。

3. 灵活就业

灵活就业既包括律师、作家、自媒体人、自由撰稿人等自由职业者，也包括非全时工、季节工、劳务承包工、劳务派遣工、家庭小时工等一般劳动者。灵活就业在劳动时间、收入报酬、工作场地、保险福利、劳动关系等方面，与传统的主流就业方式不同，指的是非全日制、临时性、劳务派遣、弹性工作等形式灵活的就业。

4. 自主创业

自主创业是指毕业生依靠自己的资本、资源、信息、技术、经验以及其他因素创办企业，解决就业问题。自主创业不仅可以解决自己的就业问题，而且可以为他人创造就业机会。国家近年来出台了多项优惠政策，鼓励毕业生自主创业。

5.升学深造

升学深造是指毕业生考取对口普通高校本科、研究生或出国留学等。面对激烈的就业竞争，毕业生希望通过深造获得更高学历，以便将来获得更理想的职位。但是深造必须要有目标、有计划，要将其作为能力提高的途径，而不仅仅是为了逃避当前就业困难的现状，否则就事与愿违了。

6.参加国家基层项目

近年来，中央各有关部门组织实施了引导高校毕业生到基层就业的专门项目，主要有"大学生志愿服务西部计划""三支一扶（支教、支农、支医和扶贫）计划""农村义务教育阶段学校教师特设岗位计划""选聘高校毕业生到村任职工作计划"等。

7.应征入伍

毕业生应征入伍服义务兵役，除享有优先报名应征、优先体检政审、优先审批定兵及其他优待政策外，还享有优先选拔任用、优先升学优惠、补偿学费或代偿国家助学贷款等优惠政策。

（二）国家倡导的就业方向

教育部在印发的《教育部关于做好2024届全国普通高校毕业生就业创业工作的通知》中，针对大学生就业问题提出了有针对性的指导意见，为毕业生指明了就业方向。

1.到基层就业

各地教育部门要积极配合有关部门组织实施好"特岗计划""三支一扶""西部计划"等基层就业项目，拓展实施"城乡社区专项计划""大学生乡村医生专项计划"；支持各地围绕落实推进乡村振兴战略，深入挖掘基层医疗卫生、养老服务、社会工作、司法辅助等就业机会，扩大实施地方基层项目。

2.到中小企业就业

各地各高校要持续深入开展"高校书记校长访企拓岗促就业专项行动"，深度了解行业、企业的人才需求，深化人才培养改革，推动供需精准对接；各地各高校要充分发挥校园招聘主渠道作用，主动邀请用人单位进校开展招聘活动；各地教育部门要配合本地相关部门落实吸纳就业补贴、社会保险补贴、税费减免等优惠政策，支持中小企业开发创造更多适合高校毕业生的就业岗位，鼓励中小企业吸纳更多高校毕业生。

3.参军入伍

各地各高校要密切军地协同，加强征兵工作站建设，加大征兵宣传进校园工作力度，畅通入伍绿色通道，配合兵役机关做好兵员预征预储、高校毕业生征集等工作，进一步推进以高校毕业生为重点的精准征集。各地教育部门要研制细化方案和实施办法，按照有关规定落实好退役后复学、升学、学费资助等优惠政策，积极鼓励高校毕业生应征入伍。

四、我国目前的就业政策

就业政策是指政府和社会群体为了解决现实社会中劳动者就业问题制定和推行的一系列方案和采取的措施。了解和掌握就业政策有利于大学生转变就业观念，提高自身综合素质。同时，熟悉国家就业政策，了解社会就业信息，掌握求职技巧，能使大学生正确地实现自己的人生价值和社会价值。此外，了解和掌握就业政策还对国家经济建设和社会稳定，高等职业教育改革的深化，大学生的学习、就业和成才等都有重要的现实意义。

（一）教育部就业促进政策

高校毕业生是国家宝贵的人才资源。为深入学习贯彻习近平新时代中国特色社会主义思想和党的二十大精神，全面落实党中央、国务院对高校毕业生就业创业工作的决策部署，教育部于 2023 年 12 月印发了《教育部关于做好 2024 届全国普通高校毕业生就业创业工作的通知》，决定实施"2024 届全国普通高校毕业生就业创业促进行动"，进一步完善高校毕业生就业创业服务体系，全力促进高校毕业生高质量充分就业。

1. 把高校毕业生就业工作摆在更加突出位置

(1) 强化统筹部署。各地各高校要把高校毕业生就业作为重中之重、摆在更加突出的位置，纳入领导班子重要议事日程，健全就业促进机制，统筹做好本地本校工作安排，落实落细各项工作要求，确保高校毕业生就业局势总体稳定。

(2) 强化协同联动。各省级教育部门要主动加强与组织、人力资源社会保障、发展改革、财政等部门沟通衔接、分工合作、协同联动，把高校毕业生作为公共服务的重点群体，争取更多岗位、资金、培训、服务等公共资源向高校毕业生倾斜。

(3) 强化高校责任。高校是做好本校毕业生就业工作的责任主体，主要负责同志是第一责任人，分管负责同志是直接责任人。建立健全"校—院（系）"两级就业工作领导小组，分别制定就业工作方案，分级落实工作责任。

2. 大力开拓市场化社会化就业渠道

(1) 深入开展"访企拓岗"专项行动。各地各高校要持续深入开展"高校书记校长访企拓岗促就业专项行动"。高校书记、校（院）长和校领导班子成员要认真落实"两个100"要求，有针对性拓展就业市场；二级院系要结合学科专业特点，精准有效访企拓岗，足质足量开拓就业岗位。

(2) 推进实施"万企进校园"计划。各地各高校要充分发挥校园招聘主渠道作用，主动邀请用人单位进校开展招聘活动，提升每场校园招聘活动的实际效果。支持院系积极开展小而精、专而优的小型专场招聘活动。

(3) 全面推广使用国家大学生就业服务平台。优化升级国家大学生就业服务平台功能，深入开展"24365 携手促就业精准服务"，持续加强就业岗位的互联共享和精准推送。各地各高校要组织就业工作人员、毕业班辅导员和有求职意愿的毕业生及时注册使用平台,确保就业政策、资讯、岗位信息等实现精准有效推送。

(4) 加强分行业分区域就业市场建设。汇聚相关部门、行业协会、社会招聘机构等多方资源,着力建设一批区域性、行业性、联盟性高校毕业生就业市场。充分发挥全国普通高校毕业生就业创业指导委员会和行业协会作用,完善"分行业就指委+分行业协会"促就业工作机制,举办系列校企对接交流活动,加大力度建设分行业就业市场。深入开展供需对接就业育人项目,搭建人才供需对接平台,推动就业与培养有机联动。

(5) 鼓励中小企业更多吸纳高校毕业生。各地要支持中小企业开发创造更多适合高校毕业生的就业岗位,加大民营企业、中小企业招聘推介力度,为企业进校招聘提供便利,引导更多毕业生到民营企业、中小企业就业。

(6) 支持灵活就业和自主创业。各地各高校要充分挖掘新产业、新业态、新模式带动就业潜力,引导毕业生发挥专业所长,在创意经济、数字经济、平台经济等多领域灵活就业。积极鼓励和支持高校毕业生自主创业,落实创业支持政策,在资金、场地等方面向毕业生创业者倾斜。

3. 充分发挥政策性岗位吸纳作用

(1) 优化政策性岗位招录安排。各地要积极拓展政策性岗位资源,稳定并适度扩大招录高校毕业生规模,统筹推动尽早安排党政机关、事业单位、国有企业等招考和各类升学考试、职业资格考试,加快政策性岗位招录进程,为高校毕业生求职留出充足时间。

(2) 大力挖掘基层就业空间。各地教育部门要积极配合有关部门组织实施好"特岗计划""三支一扶""西部计划"等基层就业项目,拓展实施"城乡社区专项计划""大学生乡村医生专项计划"。支持各地围绕落实推进乡村振兴战略,深入挖掘基层医疗卫生、养老服务、社会工作、司法辅助等就业机会,扩大实施地方基层项目。鼓励各地健全支持激励体系,出台更多地方优惠政策,吸引更多毕业生到中西部地区、东北地区、艰苦边远地区和基层一线就业创业。

(3) 积极配合做好大学生征兵工作。各地各高校要密切军地协同,加强征兵工作站建设,加大征兵宣传进校园工作力度,畅通入伍绿色通道,配合兵役机关做好兵员预征预储、高校毕业生征集等工作,进一步推进以高校毕业生为重点的精准征集。各地教育部门要按照有关规定落实好退役后复学、升学、学费资助等优惠政策。

4. 推进构建高质量就业指导服务体系

(1) 加强就业教育和观念引导。将就业教育和观念引导作为"三全育人"的重要内容,推动就业教育与思政教育、专业教育深度融合,在专业课教学和实习实践等育人环节强化就业教育引导。深入开展"就业育人"主题教育活动,引导毕业生树立正确的成才观、职业观、就业观,客观看待个人条件和社会需求,从实际出发选择职业和工作岗位,主动投身艰苦地区、重点领域等国家需要的地方建功立业。开展基层就业卓越教师和毕业生推荐,做好先进典型选树和系列宣讲活动。

(2) 加强生涯教育和就业指导。强化大学生生涯发展与就业指导课程建设，修订完善课程教学要求。推动各高校以全覆盖、精准化、特色化为目标，将课程建设作为强化就业指导服务的重要内容，作为必修课列入教学计划，给予学时学分保障。持续办好就业指导公益直播课，提供丰富优质课程资源。遴选打造一批优秀就业指导课程和教材。加强高素质专业化教师队伍培养，打造内外互补、专兼结合的就业指导教师队伍。充分运用现代信息技术，探索建立学生成长电子档案，为学生提供个性化、精准化、便捷化的就业指导服务。

(3) 办好首届全国大学生职业规划大赛。各地各高校要办好省、校两级赛事，全面提升大赛的覆盖面和实效性。鼓励将大赛内容设计同生涯发展与就业指导课程深度融合，切实增强大学生生涯规划意识，促进就业指导教师提升教学水平。鼓励将大赛与校园招聘和校企人才供需对接深度融合，引入真实职场环境，结合企业招聘要求优化赛事安排，动员更多用人单位参与大赛，帮助更多毕业生通过参赛提升职业规划和就业能力，顺利实现就业。

(4) 引导强化就业实习实践。各地各高校要建立完善大学生就业实习管理制度，统筹协调就业实习与教学实习，组织引导大学生利用寒暑假时间积极参与就业实习实践。通过实习实践促进学生激发求职意愿、明确求职意向，帮助学生增强就业能力、获取就业机会。鼓励地方政府、用人单位与高校深化产学研合作，协同打造一批大学生就业实习基地。

(5) 切实维护毕业生就业权益。积极营造平等就业环境，严格落实"三严禁"要求，各类校园招聘活动中不得设置违反国家规定的有关歧视性条款和限制性条件。加强就业安全教育和诚信教育，引导用人单位与高校毕业生及早签订就业协议书或劳动（聘用）合同并如实履约。及时发布求职就业预警信息，帮助毕业生防范求职风险。会同相关部门加强联合监管，依法严厉打击虚假招聘、售卖协议、"黑职介""培训贷"等违法违规行为。

5. 加强重点群体就业帮扶

(1) 完善精准帮扶机制。重点关注脱贫家庭、低保家庭、零就业家庭、残疾等就业困难毕业生群体，"一人一档""一人一策"建立帮扶工作台账，优先提供指导服务、优先推荐就业岗位、优先开展培训和就业实习。落实"一对一"帮扶责任制，高校和院系领导班子成员、就业指导教师、班主任、专业教师、辅导员等要与困难学生开展结对帮扶，确保每一个困难学生都得到有效帮助。会同人力资源社会保障部门持续做好离校未就业毕业生的跟踪帮扶和不断线服务。

(2) 深入实施"宏志助航计划"。继续组织实施"中央专项彩票公益金宏志助航计划——全国高校毕业生就业能力培训项目"。各地和培训基地高校要精心组织实施，持续优化培训内容，不断提升培训实效。鼓励各地各高校配套设立省级、校级项目，扩大培训覆盖面。支持将就业能力培训与指导咨询、心理疏导、岗位推荐等统筹推进。强化培训基地管理，规范使用专项资金，试点开展项目实施效果评估。

(3) 推进对口就业帮扶援助。鼓励部属高校与地方高校、东部高校与西部高校、典型经验高校与基础薄弱高校结对开展就业帮扶，推动区域间、校际间就业经验交流、就业渠道互补、就业资源共享。加强区域统筹协调，调配更多岗位资源，为基础薄弱地区和高校提供就业帮扶援助。充分发挥工会、共青团、妇联、残联等群团组织和社会公益组织作用，为困难群体毕业生提供有温度的就业服务。

6. 完善就业监测与评价反馈机制

(1) 加强就业数据监测。各地各高校要认真落实毕业去向登记制度，准确把握就业监测指标内涵，严格审核毕业生就业信息和就业材料，确保就业数据真实准确。完善毕业生就业状况布点监测机制。加强就业监测工作业务培训，提升就业监测工作质量、时效和规范化水平。严格落实就业监测工作"四不准""三不得"要求，分级开展就业工作核查，严格执行就业监测工作违规处理办法，对违反相关规定的高校和相关人员，依规依纪严肃追责问责。

(2) 推进就业工作综合评价。进一步完善高校毕业生就业工作综合评价指标体系，推动各地和高校破除单一评价导向，深化就业工作评价改革，促进高校就业工作制度化、规范化。选树一批全国高校毕业生就业创业工作典型，加强就业工作经验交流和宣传推广，推动各地和高校全面提升就业工作能力和服务水平。加强就业工作研究，为政府宏观决策、高校深化教育教学和人才培养改革提供支撑。

(3) 完善就业状况反馈机制。各地各高校要建立完善就业与招生、培养联动的有效机制，把高校毕业生就业状况作为高等教育结构调整的重要内容。引导高校重点布局社会需求强、就业前景广、人才缺口大的学科专业，及时调整或更新升级已经不适应社会需要的学科专业。持续实施高校毕业生就业去向落实率红黄牌提示制度。深入开展高校毕业生就业状况跟踪调查，把毕业生就业状况作为"双一流"建设成效评价、学科专业设置和调整评估、招生计划安排、就业工作评价等工作的重要依据。

7. 加强组织保障

(1) 逐级压实工作责任。各地各高校要切实落实就业"一把手"工程，主要负责同志要亲自部署，分管负责同志要靠前指挥。要将高校毕业生就业工作纳入领导班子考核，适时开展就业工作督促检查，推动逐级落实就业工作责任。建立完善就业风险防范化解机制，确保就业安全稳定。教育部将省级人民政府及相关职能部门制定促进高校毕业生就业政策及其实施情况，纳入省级人民政府履行教育职责评价重要内容。

(2) 充实就业工作机构和力量。各地各高校要认真落实就业工作机构、人员、经费、场地"四到位"要求。省级教育行政部门要加强就业部门和服务机构工作力量，给予必要的人员、经费保障。高校要加强就业指导服务机构建设，按照不低于毕业年度毕业生500∶1的比例配备校级就业工作人员，鼓励在二级院系设立专职就业工作人员。加强专业化、职业化就业工作队伍建设，定期开展毕业班辅导员、就业工作人员业务培训，鼓励就业指导人员按要求参加相关职称评审。

(3) 大力开展就业总结宣传。各地各高校要广泛宣传各项促就业政策措施，积极推进就业政策进园区、进企业、进高校、进社区。要大力宣传各地各高校和用人单位促就业的好经验、好做法，持续开展就业育人典型案例和毕业生就业创业典型人物总结宣传，积极营造全社会关心支持高校毕业生就业的良好氛围。各地各高校毕业生就业工作进展情况要及时报教育部。

（二）各地就业促进政策

毕业生就业关系到我国经济的高质量发展，各地方政府相继出台了一系列促进就业政策。以天津市为例，2024 年高校毕业生就业政策清单包括以下内容。

1. 就业见习支持政策

1) 申报条件

本市普通高校、中等职业学校（含技工学校）毕业学年全日制在校生（毕业年度 1 月 1 日至毕业证书签发日期）；离校 2 年内未就业高校毕业生。

2) 办理程序

有意愿参加就业见习的人员，可以根据岗位信息，到就业见习基地、市或区公共就业服务机构报名，也可以通过天津市就业见习服务平台在线报名。毕业学年在校生可以到所在院校就业指导中心报名。

就业见习基地应当与参加见习人员签订《就业见习协议》，明确见习时间、岗位、生活费标准和争议解决途径等。

3) 补贴标准

见习生活费补贴标准为本市最低工资的 80%（每人每月）。人身意外伤害保险费补贴标准为 10 元（每人每月）。

4) 政策依据

《市人社局市财政局市教委关于印发〈天津市就业见习管理办法〉的通知》（津人社局发〔2023〕18 号）。

2. 灵活就业社保补贴支持政策

1) 申报条件

通过无雇工个体经营、非全日制以及新就业形态等方式实现灵活就业，在本市办理灵活就业登记，按规定缴纳社会保险费的本市院校和本市生源外省市院校离校 2 年内未就业高校毕业生。

高校毕业生申领补贴需同时满足以下条件：

(1) 在中华人民共和国境内接受普通高等学历教育取得普通高等学校毕业证书，包括研究生和本科、专科（高职）毕业证书，不包括函授、成人教育、技师学院高级工班、预备技师班等毕业证书。

(2) 离校后至申领补贴前，以及享受补贴期间未在用人单位有正式就业经历或担任企业法人、有雇工的个体工商户经营者。

(3) 首次申领补贴日期距离毕业证书发证日期不超过 24 个月 (时间计算到月)。

(4) 单独缴纳企业职工基本养老保险费、职工基本医疗保险费 (含职工生育保险费)，或同时缴纳以上三项社会保险费。

2) 补贴标准

每月补贴标准 = 高校毕业生缴费当月社会保险最低缴费基数 × 缴费比例 × 2/3。因预缴费导致月实际缴费基数低于最低缴费基数的，按照实际缴费基数计算补贴。补贴金额向下取整，精确到元。补贴期限最长不超过 2 年，补贴时间自首次申请补贴当月起连续计算。

3) 办理程序

社会保险补贴实行"先缴后补"，首次申请当月补贴，后续补贴可按月或在当年度内集中申请。

(1) 申请。符合条件的高校毕业生每月 20 日前向灵活就业登记地 (在线上进行灵活就业登记的在常住地) 所在区人社局提出补贴申请。申请补贴时提供：《高校毕业生灵活就业社会保险补贴申请表》《教育部学籍在线验证报告》(仅首月申请时提供)、本市生源外省市院校高校毕业生需提供户口本首页及本人页复印件 (仅首月申请时提供)、社会保险费缴费凭证。

(2) 审核。区人社局对高校毕业生身份、就业情况、社会保险缴费情况进行核实，在 3 个工作日内完成审核工作。

(3) 公示。对审核合格的，区人社局将申请享受补贴情况进行公示，公示时间不少于 5 个工作日。

(4) 拨付。公示无异议的，区人社局于申请补贴次月初 10 个工作日内，将补贴资金拨付至高校毕业生本人社会保障卡银行账户或其他银行账户。

4) 政策依据

《市人社局市财政局市税务局关于做好高校毕业生灵活就业社会保险补贴有关工作的通知》(津人社办发〔2023〕63 号)。

3. 求职创业补贴支持政策

1) 申报条件

本市普通高校 (含民办高校) 和中等职业学校 (含技工院校) 有就业创业意愿并积极求职且符合下列任一条件的毕业学年全日制在校学生：

(1) 享受城乡居民最低生活保障家庭的学生；

(2) 建档立卡贫困家庭的学生；

(3) 贫困残疾人家庭的学生；

(4) 残疾学生；

(5) 在校期间已获得国家助学贷款的学生;

(6) 特困人员中的学生。

2) 补贴标准

求职创业补贴标准为每人 3000 元,每人限领一次。符合多项条件的毕业学年学生,只能按其中一种条件申请,不得重复申领。

3) 办理程序

(1) 补贴申请。符合条件的学生应于毕业学年开学后,向所在院校提出求职创业补贴申请并提交相关材料。

(2) 申请审核。各院校负责统一组织学生求职创业补贴申请工作,对申请材料的真实性进行审核,并将申请补贴人员名单进行公示,公示期不少于 5 个工作日。

4) 政策依据

《市人社局市教委市财政局关于做好求职创业补贴发放工作的通知》(津人社办发〔2019〕122 号)。

4. 实习实训支持政策

1) 人员范围

(1) 与天津市人民政府或市级人才主管部门建立合作关系的外省市全日制普通高校在校学生(以下简称"实训学生")。

(2) 本市"双一流"高校非毕业学年全日制本科及以上在校学生。

在经认定的本市大学生实训基地(以下简称"实训基地")开展岗位训练活动的,可以申请实训补贴。

2) 办理程序

市人社局每季度汇总大学生实训岗位信息并向高校发布。符合条件的大学生向所在高校提出申请,经批准后与实训基地进行协商,达成一致的签订《天津市大学生实训协议》(《实训协议》)后,开展实训活动。

3) 实习实训要求

每名实训学生实训时间一般不少于 15 天,最长不超过 3 个月,每天实训时间应不少于 6 小时,实训时间超过 1 个月的,可根据实训学生在校学习情况在年度内分段安排。

4) 享受待遇

(1) 提供提升大学生实践能力、符合国家规定的劳动保护措施和劳动安全卫生条件的实训岗位,为外省市实训学生提供住宿。

(2) 完成实训任务的大学生,按照以下标准给予实训补贴:

① 生活补贴:按照本市最低工资标准一定比例和实际实训时间发放,其中,本科生、硕士研究生、博士研究生分别按 80%、90%、100% 比例发放。实训时间不足一个月的,按照实际实训天数按日发放;不满 15 天的,不予发放补贴。

② 交通补贴:参加实训 15 天以上的外省市实训学生按照高铁二等座标准,给予一次

往返交通补贴。

③ 人身意外伤害保险补贴：标准为每人每月 10 元。

5) 实施期限

2023 年 5 月 1 日至 2026 年 4 月 30 日。

6) 政策依据

《市人社局市财政局关于印发〈天津市支持大学生实训实施办法〉的通知》(津人社办发〔2023〕23 号)。

5. 应届毕业生集中落户支持政策

1) 办理范围

普通高校符合毕业条件、尚未取得毕业证书的全日制应届本科及以上学历在校生，均可在毕业学年提出集中办理申请。

2) 申请时间

每年于 6 月、12 月两批次集中办理，学生申请时间一般不晚于取得毕业证前 10 个工作日。

3) 办理程序

(1) 户口在高校的本市高校应届毕业生：学生本人申请，填写《个人委托承诺书》；高校汇总信息，填写《本市高校毕业生留津落户名册(户口在高校)》并盖章确认；北方人才所属分部(分公司)与各高校对接，交接材料(纸质版和电子版)，并向区公安分局人口管理部门提交原户口页和《本市高校毕业生留津落户名册(户口在高校)》；区公安分局人口管理部门依据《本市高校毕业生留津落户名册(户口在高校)》将学生户口移入北方人才集体户并打印《常住人口登记卡》，以现场交接的形式交给北方人才所属分部(分公司)，北方人才所属分部(分公司)将《常住人口登记卡》分发至学生本人。

(2) 户口在原籍的本市高校应届毕业生：学生本人申请，填写《个人委托承诺书》；高校汇总信息，填写《本市高校毕业生留津落户名册(户口在原籍)》并盖章确认；北方人才所属分部(分公司)与各高校对接，交接材料(纸质版和电子版)，并向所在区公安分局人口管理部门提交《本市高校毕业生留津落户名册(户口在原籍)》；区公安分局人口管理部门依据《本市高校毕业生留津落户名册(户口在原籍)》为学生办理《准予迁入证明》后，通过户口迁移"跨省通办"方式，将学生户口迁入北方人才集体户并打印《常住人口登记卡》，以现场交接的形式交给北方人才所属分部(分公司)，北方人才所属分部(分公司)将《常住人口登记卡》分发至学生本人。

(3) 外省市高校应届毕业生：学生本人申请，填写《个人委托承诺书》；高校汇总信息，填写《外省市高校毕业生进津落户名册》并盖章确认；北方人才所属分部(分公司)与各高校对接，交接材料(纸质版和电子版)，将盖有学校公章的《外省市高校毕业生进津落户名册》移交北方人才市场汇总；北方人才所属分部(分公司)向所在区公安分局人口管理部门提交《外省市高校毕业生进津落户名册》；区公安分局人口管理部门依据《外省市高校毕业生进津落户名册》打印《准予迁入证明》，通过户口迁移"跨省通办"方式，将学生户口迁入北方人才集体户并打印《常住人口登记卡》，以现场交接的形式交给北方人才所属分部(分公司)，北方人才所属分部(分公司)将《常住人口登记卡》分发至学生本人。

4) 有关事宜

(1) 北方人才所属分部(分公司)负责对接各高校移交学生档案至"海河英才"档案库及相关服务，北方人才所属人才集体户属地派出所负责保管集体户首页并根据本人申请提供集体户首页复印件(盖章)。

(2) 市人社局、市教委、市公安局将根据各自职责分工，加强高校应届毕业生集中办理来(留)津手续的事中事后监管，对弄虚作假骗取落户资格的人员，及时开展户口清退工作。

5) 政策依据

《市人社局市教委市公安局关于为高校应届毕业生来(留)津提供集中办理服务的通知》(津人社办发〔2021〕22号)。

6. 用人单位聘任初级职称支持政策

1) 申报条件

专业技术人员申请聘任初级职称，须同时具备全市统一规定的学历、工作年限要求，并经所在单位业绩考核合格。全市统一规定的学历、工作年限要求为：

(1) 聘任员级职称，中专毕业的，从事拟聘任岗位专业技术工作满1年。

(2) 聘任助理级职称，硕士、博士研究生毕业的，从事拟聘任岗位专业技术工作；大学本科毕业的，从事拟聘任岗位专业技术工作满1年；大专毕业的，从事拟聘任岗位专业技术工作满3年；中专毕业的，从事拟聘任岗位专业技术工作满5年。

2) 办理程序

用人单位聘任初级职称一律通过"天津市专业技术人才职称评审信息系统"(以下简称"信息系统")办理。

(1) 个人申请。符合聘任条件的申报人登录信息系统，按要求在线填报相关信息、上传佐证材料，并提交至用人单位。

(2) 单位审核。用人单位对申请材料进行审核，核实学历、资历情况，符合条件的提交至上级主管部门。

(3) 主管部门审核。用人单位的上级主管部门对所属用人单位提交的申报材料进行审核，审核通过的报送职称业务主管部门。

(4) 颁发证书。职称业务主管部门对申报材料进行审核备案，并向审核通过人员发放电子职称证书。电子职称证书在信息系统上生成，申报人可登录个人账号自行下载并打印。

3) 政策依据

《市人力社保局关于印发〈天津市用人单位聘任初级职称办法(试行)〉的通知》(津人

社局发〔2018〕31 号，第一条)。

7. 创业培训支持政策

1) 申报条件

对本市劳动年龄内的下列人员 (以下简称培训对象) 免费开展的创业培训，按规定给予培训机构补贴：

(1) 全日制高校、中等职业学校 (含技工院校) 学生，毕业 5 年内全日制高校毕业生，城乡未继续升学初高中毕业生；

(2) 落户 5 年内的 "海河英才"、退役军人、乡村创业致富带头人、返乡入乡创业人员；

(3) 小微企业主、个体工商户；

(4) 登记失业人员、转岗职工、农村转移就业劳动者、就业困难人员、残疾人；

(5) 国家和本市规定的其他人员。

2) 办理程序

有创业意愿的培训对象向创业培训机构报名，创业培训机构根据本人情况和创业意向，指导其选择相应的培训班次和内容。

3) 政策依据

《市人社局市财政局关于印发〈天津市创业培训管理办法 (试行)〉的通知》(津人社局发〔2021〕3 号)。

第二节　认识高等职业教育

高等职业教育着重培养技术技能型人才，与高等教育协同发展，有利于加快人才培养、优化人才结构，有利于调整新型产业结构，促进与扩大就业等，符合我国当今社会发展的需要。

一、高等职业教育的内容和特点

高等职业教育作为一种教育类型，不是一个简单的教育层次，它既有高等教育的属性，也有职业教育的特色，同时区别于传统的专科教育。我国以法律的形式确立了高等职业教育在国家社会发展中的重要地位，明确了高等职业教育是现代职业教育体系的重要构成。

（一）高等职业教育的内容

高等职业教育简称高职教育，是指以就业为导向，面向经济社会发展需要，以培养生产、建设、管理、服务一线的高等技术应用型人才为根本任务的教育类型。自 20 世纪 80 年代初建立第一所职业大学至今，我国的高等职业教育经历了不平凡的发展历程，已经成为高等教育的重要组成部分。目前，我国高职教育的院校数、在校生数已经占高等教育的半壁江山。

（二）高等职业教育的特点

我国的高等职业教育正在形成"专科教育—本科教育—专业学位研究生教育"的人才培养体系。高等职业教育主要有以下几个特点：

(1) 职业性。高等职业教育旨在培养具有较强职业能力和专业知识的应用型人才，这些人才能够适应生产、建设、管理和服务一线的工作需求。

(2) 系统性与综合性。高等职业教育不仅关注个体的职业能力培养，还涉及专业技术领域知识的积累，形成了系统的培养方案和课程体系。

(3) 实践性。在教学过程中，高等职业教育强调理论与实践相结合的原则，注重对学生动手能力和技术应用能力的培养。

(4) 适应性。高等职业教育不断更新和调整自身的培养目标与方法，以满足社会和经济发展的需求。

(5) 个体性。高等职业教育的服务对象是已经完成高中阶段教育的学习者，因此在培养过程中注重个性化服务和因材施教。很多高等职业院校通过"产学合作"与用人单位联合实施灵活开放的"订单式"人才培养模式，实现了人才培养有目标、就业去向有保证的"校企合作"的良性循环，满足学生个性化发展需求。

(6) 社会性。高等职业教育的社会性体现在其为社会提供职业技术人才的最终目标上。

(7) 面向市场。高等职业教育的专业设置和课程安排均根据市场需求进行，确保毕业生能够满足劳动力市场的需求。

(8) 师资队伍"双师"性。高等职业教育要求教师具备"双师"能力，既要有扎实的理论基础和教学经验，又要有一定的职业实践经验。

(9) 办学模式多元化。高等职业教育不局限于传统的学校教育模式，而是注重校企合作，采取包括企事业单位、公民个人、学校在内的一系列多元化办学方式。

二、职业的含义和特点

根据中国职业规划师协会的定义，职业是性质相近的工作的总称，通常是指个人服务社会并作为主要生活来源的工作。具体来说，职业是指参与社会分工，用专业的技术和知识创造物质或精神财富，获取合理报酬，丰富社会物质或精神生活的一项工作。

人们的职业劳动不仅是为个人谋生，也是为社会尽义务。职业活动对于人的个性发展有着至关重要的作用。根据职业产生与发展的历史及其对人类与社会发展的影响，可将职业的特征概括为以下几点。

（一）产业性

一个国家、一个社会，从大的方面可以分为三类产业：第一产业包括农业、林业、牧业和渔业等；第二产业是工业和建筑业，工业中包含采掘业、制造业等；第三产业是流通业和服务业。

在传统农业社会，农业人口比重最大；在工业化社会，工业领域中的职业数量和就业人口显著增加；在科学技术高度发达和经济发展迅速的社会，第三产业职业数量和就业人口显著增加。

（二）行业性

行业是根据生产工作单位所生产的物品或提供服务的人的不同而划分的，它按企业、事业单位、机关团体和个体从业人员所从事的生产或其他社会经济活动性质的同一性进行分类。行业能体现人们所在的工作单位的性质。随着社会的进步和发展，新的职业将会不断涌现，各种职业间的差异也会不断变化。

（三）职位性

职位是一定职权和相应责任的集合体。职权和责任是组成职位的两个基本要素，职权和责任的统一形成职位的功能。职权相同，责任一致，就是同一职位。在职业分类中的每一种职业都含有职位的特性，比如大学教师这种职业包含助教、讲师、副教授、教授等职位，再比如国家机关公务员包括科级、处级、厅（局）级、省（部）级等职位系列。

（四）组群性

无论以何种依据划分职业，职业都带有组群特点。比如科学研究人员中包含哲学、社会学、经济学、理学、工学、医学等学科的工作者；咨询服务人员包括科技咨询工作者、心理咨询工作者、职业咨询工作者等。

（五）时代性

随着社会的发展与进步，职业变化迅速，除不断更新外，同一种职业的活动内容和方式也会发生变化，所以职业的划分带有明显的时代性，不同时代有不同的热门行业。我国曾经出现过"当兵热""从政热"，后来又发展到"下海热""外企热"等，都反映出特定时期人们对某种职业的热衷程度。

三、职业的功能

职业是人与社会联系的纽带。不同职业的劳动者在不同的职业岗位上工作着，同时他们又相互合作。正如黄炎培先生所概括的，就其功能（价值取向）而言，职业是"为己谋生，为群服务"，这是职业不可分割的两面。

（一）职业的社会功能

职业一旦产生，就在社会中独立存在，成为人们认识、选择、从事和发展的对象。职业是维持社会稳定、实现社会控制的手段。职业的存在和职业活动构成了人类社会的基本框架。职业的分工是构成社会经济制度运行的主体。职业劳动创造出社会财富，从而为社会的存在和发展奠定物质基础。

（二）职业的个人功能

职业是谋生的手段，个人通过职业实现个人和家庭生存的需要。职业提供了一个最经常的社交场所，使人获得对社会、行业、集体和单位的归属感，满足了人们对归属和爱的需要。个人的价值需通过社会职业表现出来。此外，职业是促进个性发展的手段，人们可以通过对职业的选择，发挥自己的特长，培养自己的兴趣，实现自己的理想，满足自己展示个性的需要。职业的个人功能还体现在人们根据社会发展和职业的需求，不断完善自我，促进自我的全面发展。

拓展阅读

1. 专业与职业

专业是根据科学分工或生产部门的分工把学业分成的门类，主要是从事研究某种学业或某种事业。职业是参与社会分工，利用专门的知识和技能，为社会创造物质财富和精神财富，获取合理报酬，作为物质生活的来源，并满足精神需求的工作。

大多数学生在报考大学时，往往是选择时下热门的专业，或者为了能够上大学而报读一些偏门的专业。但是在大学学习或者参加社会工作时，却发现自己对所学的专业并不感兴趣，是培养兴趣还是另寻专业呢？所学专业是否需要与未来的职业对口？需要我们认真思考。

2. 择业与就业

很多学生在选择第一份工作时非常小心谨慎，一定要选个与自己未来职业发展相匹配的单位才肯就业。有的学生在择业时提出：一般的用人单位不去，和自己未来职业规划无关的用人单位不去，偏僻的用人单位不去，等等。

与拥有理论知识和实践经验，甚至学历层次更高的求职者相比，我们确实存在一定的劣势。同时，部分企业偏重于实用，不愿意投入时间培养新人，导致一些自我感觉良好、面试印象不错的学生最终没有被录用。

3. 就业与适业

很多学生由于社会阅历和生活磨炼少，情商欠佳，所以有人经不起失败和挫折，不能坦然面对生活；有人急功近利，在一家用人单位工作一段时间，以为学到了东西，就忙着跳槽；也有人认为踏入社会就是赚钱的好机会，将频繁跳槽作为加薪的途径。频繁跳槽，不停地就业，这类人没有真正地适应就业岗位，不但能力没有增长，而且还浪费了大好时光。

第三节 认识专业与未来职业发展

一、了解专业目录

为贯彻《国家职业教育改革实施方案》，加强职业教育国家教学标准体系建设，落实职业教育专业动态更新要求，推动专业升级和数字化改造，教育部组织对职业教育专业目录进行了全面修（制）订，形成了《职业教育专业目录(2021 年)》。该目录统一采用专业大类、专业类、专业三级分类，一体化设计中等职业教育、高等职业教育专科、高等职业教育本科不同层次专业，共设置了高等职业教育专科 19 个专业大类、97 个专业类、751 个专业和高等职业教育本科 19 个专业大类、92 个专业类、281 个专业。

二、专业与职业的区别

专业对学生未来的职业和事业发展有着至关重要的作用。职业需要的知识和技能是高职专业学习阶段的主要内容，为将来从事的职业奠定了良好的理论和技能基础。专业与职业的区别体现在：

高等职业教育
专业目录

(1) 专业是学业门类，职业是工作门类。专业包括深奥的知识和复杂的技能，需要接受长时间的专业化训练，以是否接受过高等专业教育为标志（例如所学的专业课程）；职业是不同行业和组织中存在的一组类似的职位，独立于个人存在于某个行业或机构中（例如教师、会计等）。

(2) 与职业相比，专业主要提供一种独特、明确、必要的社会服务与奉献；一般职业的从业人员仅仅把工作当作是一种赚取财富、谋生的手段。

(3) 职业更多体现为工匠式的特点，一旦掌握，即可不断重复；专业的一个重要特点是面对科技和文化发展需要不断学习和创新。

三、专业与就业的关系

一个人无论是主动还是盲目选择了某一专业，他都不能保证自己将来要从事的职业能够专业对口。特别是在就业形势严峻、劳动力市场竞争激烈的情况下，虽然通过某一个专业的学习，我们具备了某一方面的知识和技能，拿到了毕业证书和技能等级证书，但并不等于马上就可以找到理想的对口工作，甚至可能出现"毕业即失业"的现象。

学以致用，狭义上是指"专业对口"；广义上是指毕业生无论从事何种类型的职业，其工作内容与所学专业都有着密切联系。学以致用，可以充分发挥高职学生的特长，使高职毕业生在工作中脱颖而出，取得事业上的成功，同时也能避免人才浪费。所以，在专业学习的基础上，高职学生还要有意识地提高自身各方面的综合素质。很多在毕业之后能够迅速融入社会，被用人单位认可和接受的高职学生，都是在知识准备、能力准备和心理准备相对充足的前提之下，获得发展机会的。

学生要深入了解、认真学习已经选择的专业，根据自己的职业生涯发展规划和社会需要，理性对待专业，学会喜欢和爱上自己选择的专业，在学好专业的同时，逐步拓宽自己的视野、培养自己的能力，为未来顺利就业、成功立业奠定基础。

▶▶ 🎙 思考题 ┈┈┈

1. 如何看待高职毕业生的就业形势？

2. 毕业生的就业去向有哪些？请结合自己的专业做简要分析。

第二章

自我认知与职业发展

学习目标

1. 理解自我意识、性格、兴趣、能力和价值观的概念，及它们和职业的关系，并掌握自我测评的方法和步骤。

2. 了解职业对个人发展的重要意义，能进行职业心理的调适。

3. 探索自身能力，树立正确的就业观。

学习重点

个人职业能力的探索，职业价值观的探索。

学习难点

了解自身个性与职业的匹配度，学会选择适合自己的职业。

第一节　认　识　自　我

进入现代社会，职业的种类越来越多，职业间的差异也多种多样，但一个人并不能适应任何职业，同样，一种职业也不会适合任何人。个人与职业之间不是随机搭配的，而是需要讲求匹配。"人职匹配理论"即关于人的个性特征与职业性质一致的理论。其基本思想是个体差异普遍存在，每一个个体都有自己的个性特征，而每一种职业由于其工作性质、环境、条件、方式的不同，对工作者的能力、知识、技能、性格、气质、心理素质等都有不同的要求。进行职业决策时，决策者要根据个人的个性特征选择与之相对应的职业种类，即进行人职匹配。如果匹配得好，则个人的特征与职业环境协调一致，工作效率和职业成功的可能性大为提高。反之，工作效率和职业成功的可能性就会降低。因此，对于组织和个体来说，进行恰当的人职匹配具有非常重要的意义。

一、认识自我与职业发展的关系

自我，也称为自我意识。每个人的一生中都会有无数次扪心自问："我是谁""我从哪里来的""我能做什么""我以后会是什么样""我为什么会是现在这样"，从出生到死亡，从好奇、迷茫到矛盾、释怀，人类对于自我的探索从没停止。意识就是在每一个日升日落中，我们做自己、找自己、完善自己的过程，自我意识既包含对自己的认知、理解和感知，又包含自己与周围环境关系的多方面、多层次的认知、体验和评价。

在当今社会，人要生存和发展，要保持健康的心灵和清醒的头脑，要成才和成功，就要首先探寻和接纳真实的自我。大学阶段最重要的一项心理成长课题就是建立自我同一性，具体来看，这项课题包括正确认识自我、接纳喜欢自己、生活目标明确、人际关系和谐、具有行为控制能力，因此建立正确自我意识对大学生个人健康和发展极为重要。

（一）自我意识对大学生的发展具有重要意义

自我意识是人类认知的核心之一，它对人的发展具有重要意义。首先，自我意识可以让人更好地认识自己，了解自己的优点和不足，从而实现自我提升和完善。当代大学生从年龄上处于后青春期和成人早期，普遍存在对自我、对环境、对他人、对关系和对未来的迷茫，这些迷茫主要源于对自我的认识不深入、不成熟，正确的自我意识可以帮助大学生尽快走出同一性混乱的迷雾，促进其完善自我、实现自我。其次，自我意识可以让人更好地理解自己的情感和情绪，从而更好地应对和解决问题。随着接触社会的广度和深度的不断拓展，大学生内心对于外界事物的感知越来越丰富，情绪体验越发复杂，在此阶段我们要着重培养大学生的抗逆力和积极心理品质，正确的自我意识可以让大学生拥有更广阔的眼界和视角，提高大学生的包容心，从而使其接纳自己和外界，更好地适应社会和环境变化。最后，自我意识可以让人更好地与他人交往，建立良好的人际关系，促进个人的成长和发展。在为祖国培养新时代人才的过程中，提高大学生的思想政治水平尤为重要，要做新时代中国特色社会主义的接班人和建设者，就必须拥有中华民族的优秀传统精神品质，在探寻自我意识的道路上，只有学会接纳自己和他人，适应社会发展变化，才能在完善小我、建设大我、实现无我的过程中践行习近平总书记"我将无我，不负人民"的精神追求。

（二）自我意识对大学生职业生涯规划具有重要影响

自我意识对职业发展具有重要影响。首先，自我意识可以让人更好地了解自己的职业倾向和兴趣，从而选择适合自己的职业。大学生在进行职业生涯规划时，常常一门心思往热门行业挤，却忽略了自己是否适合这些行业。大学生应该对自己的兴趣、爱好、能力、特点有充分全面的了解和认识，再与自己向往的行业进行合理匹配，综合分析和权衡，结合时代背景，最终确定自己的职业发展方向和奋斗目标。其次，自我意识可以让人更好地认识自己的优点和不足，从而在职场上更好地发挥自己的优势和克服自己的不足。大学生在选择好职业目标后，要根据目标和自己的现实情况设计实现路径，也就是要按照职业目标制订相应的学习、培训和工作计划，培养自己的职业心理品质，不断增强职业竞争力，这其中也涉及到如何克服困难，如何根据现实情况进行目标调整等。最后，自我意识可以让人更好地理解他人的需求和期望，从而更好地与他人协作和合作。拥有正确自我意识的人能对自己和他人做出正确的分析和判断，对自己有敏锐的觉察和反省能力，有利于在出现问题和困难时进行正确的归因，不受情绪的困扰激发人际矛盾，从而拥有良好的人际关系。

（三）自我意识对大学生身心健康具有重要作用

自我意识对身心健康具有重要作用。首先，自我意识可以让人更好地认识自己的身体状况和健康状况，从而保持身体健康。其次，自我意识可以让人清楚自己的社会角色和社会定位，有助于我们按照社会定位和社会期望发展和提升自我，建立合理目标。最后，自我意识可以让人更好地认识自己的精神健康状况，从而调节精神状态，保持良好的心态。个体具备良好心理素质的最重要的表现就是对自我的接纳和认可，也就是拥有成熟的自我意识和健康的自我形象。大学生自我认识、自我评价、自我控制能力如何，直接影响着大学生的社会适应能力、身心健康和成才发展。

（四）自我意识对大学生个人成长和成功具有重要影响

自我意识对个人成长和成功也具有重要影响。拥有正确自我意识的人才能够正确认识自己、规划自己，为自己制定适合的目标，有了目标才有发展方向，才能激发自己的潜能，控制自己的行为，努力实现自己的目标并获取成功。

二、自我的内涵

自我意识是个体对自己及自己与周围环境关系的认识，是一种多维度、多层次的复杂心理系统，是人格调控系统的核心，我们可以从多个角度分析自我的内涵。

（一）生理自我、社会自我和心理自我

从内容上讲，自我意识有三个层面：生理自我、社会自我和心理自我。

生理自我指个体对自己躯体、性别、形体、容貌、年龄、健康状况等生理特质的意识。如"我是一个戴眼镜的女生"。

社会自我指个体对自己的社会特征的意识，包括自己在各种社会关系中的角色、地位、权利等。如"我是某学校某专业的学生"。

心理自我指个体对自己心理特征的意识，包括个体对自己智力、兴趣、爱好、气质、性格、

能力等诸方面心理特点的认识。如"我是开朗外向的人"。

（二）现实自我、理想自我和投射自我

在人的成长和发展过程中，不可避免地要受到过去经验、社会期待、学校教育和家庭环境的影响。对于自己要成为什么样的人，我们在内心会形成一个坚固而又模糊的概念，这个概念可以分为现实自我、理想自我和投射自我，这就是自我意识的观念分类。

现实自我是个体站在现实的角度，对自己当前状态和特征的认知与感知。它反映了个体对自己身体、情感、能力等方面的客观认知。现实自我是个体对自己的直觉性了解，通常基于个体的日常经验和观察。

理想自我是个体对于自己希望成为的形象和特质的认知与感知，它反映了个体对未来自己的期望和愿景。理想自我是一个人内心深处的愿望和目标，它可以激励个体追求更好的自己。例如，一个学生希望自己成为一名优秀的医生，这是他的理想自我。

投射自我是个体对他人对自己的认知和看法的感知。投射自我反映了个体认为他人如何看待自己，也就是个体想象中的他人眼中的自我，与现实自我可能存在差距，但投射自我对现实自我的形成起着非常重要的作用，因为人们总是把他人对自己的看法和评价作为重要的行为参考，根据他人的期望和看法来塑造自己。例如，一个孩子因为家庭和社会的期望而感受到自己应该成为一个听话的好孩子，这是他的投射自我。

三、客观认识自我

大学生在进行职业生涯规划的自我认知阶段，首先要客观、全面地认清自我，充分了解自己的职业兴趣、能力结构、职业价值观、行为风格以及优势与劣势等。大学生只有正确认识自我，才能进行准确的职业定位，并对自己的职业发展目标做出正确的选择，选定适合自己发展的职业生涯路线。

（一）通过自我反省认识自我

自我反省是一种主动的思考过程，通过思考自己的言行举止、情感反应以及内在动机等，反思自己的行为和表现，从而发现自己的优点和不足。通过自我反省，可以更清晰地了解自己的内心需求和价值观，找到自己的定位和目标，以便更好地发挥自己的潜力。

（二）通过他人评价认识自我

当局者迷，旁观者清。他人评价是我们认识自己的重要途径，我们可以向身边的朋友或者同事寻求反馈意见，以便形成对自己更为客观、完整、清晰的认识。我们要尊重他人对自己的态度与评价，冷静地分析，客观地判断，既不能盲从，也不能忽视。

（三）通过比较认识自我

每个个体都是社会中的人，所以避免不了要与他人进行比较，尤其是与同龄人进行比

较。了解自己在同龄人或者社会中的位置、重要性等，不断比较自我与他人或自我与目标之间的差距，有利于个体发现自己的优势和不足，进而提高自我意识和自我管理能力。同时，也可以通过与自己过去的经历进行比较，发现自己的成长和变化。

例如一个人想知道自己的学习水平或者学习能力如何，就需要同他人的学习成绩进行比较，才能知道自己在群体中的能力水平和位置。社会比较理论认为，当个体对自己的评价和他人对自己的评价一致时，就会加强自信、获得安全感；反之，如果发现有差距，就会有危机感。因此，在进行社会比较时，不仅要向上比较（与比自己好的人比），还要向下比较（与比自己差的人比），向上的比较能帮助我们看到自身的缺憾和不足，看到未来发展的方向和目标，克服自负心理；向下的比较能帮助我们发现自身的优势和成就，克服自卑心理，获得自我满足感和价值感。

（四）通过实践活动认识自我

在实践活动中，大学生可以全面发挥和展示自己的才华，从而发现和验证自我，确定自己在群体中的位置，了解自身的优缺点，培养自尊心和自信心。另一方面，实践活动可以扩大交往范围，增进个体与个体间的了解，使个体进一步客观认识自我，提高自我调控能力。

某个来自贫困山区的女大学生，入学后一直很自卑，觉得自己没有特别的才华，也没有美丽时尚的外表，当同学们谈论家庭和未来的时候，她总是默默坐在角落。后来老师发现了她的情况，启发她多参加学校活动，她开始尝试参加了一些感兴趣的社团和活动。在这些活动中，她发现自己比较喜欢创新和实践，后来她在创新创业大赛中用一个创意作品获得了校级比赛二等奖，拿到荣誉证书的时候，她发现自己并不是那么渺小和卑微，逐渐开始喜欢自己、欣赏自己、发现自己，而且又开始着手学习一些专业知识考取资格证书，这就是一个通过实践活动认识自我的例子。

四、个性心理与职业的匹配

（一）兴趣与职业的匹配

兴趣是个体积极探究某种事物的认识倾向，表现为一个人力求认识、掌握某种事物，并经常参加与该事物有关的活动。美国职业指导专家霍兰德提出的职业人格类型理论，就是着重分析兴趣与职业的关系，认为六种人格类型都有相应的职业兴趣和感兴趣的职业。

伟大的科学家爱因斯坦说过："兴趣是最好的老师。"这就是说一个人一旦对某事物有了浓厚的兴趣，就会主动去求知、去探索、去实践，并在求知、探索与实践中产生愉快的情绪和体验。首先，兴趣会影响人们的职业选择，在求职的过程中，人们常常以是否对某工作有兴趣作为参考条件之一，一旦对某职业有浓厚的兴趣，人们就会坚定地追求这一职业，尽力地工作。其次，在职业活动中，兴趣能发挥个体的主动性和创造性，开发个体的潜能，使个体取得新发现、新成果，促进个人和社会的发展。最后，兴趣还可以使人更快地熟悉并适应职业环境和职业角色。

职业兴趣即对某类职业或工作的积极态度。不同的人有不同的职业兴趣，如果能够从事与自己的职业兴趣相符的职业，个体在工作中就能更加积极热情、全神贯注并富有创造力。现实生活中，人们固然可以凭兴趣寻找自己喜欢的职业，但由于兴趣有限及种种主客观因素未必能遂人所愿，以致兴趣和职业常不能匹配。然而，职业兴趣是以社会的职业需要为基础并在一定的学习和教育条件下形成和发展起来的，那么即使缺乏对某些职业的兴趣，也可以在实践活动中通过多种途径，用自己的努力去改变、发展和培养这些兴趣。在培养职业兴趣的过程中，应注意培养既广泛又不失中心的兴趣，并且使培养的职业兴趣有实际意义和稳定性。因为广泛而切实的兴趣能减少人们在职业选择上受到的限制，帮助人们在职业有变动时较快地适应新的职业；有中心且稳定的职业兴趣能使人专注于自己的职业，深入钻研，并容易有所发展和成就。

职业兴趣对职业发展具有重要影响主要表现在以下两方面。

1. 职业兴趣可以提高人的工作效率

职业兴趣可以调动人的全部精力，使之以敏锐的观察力、高度集中的注意力、深刻的思维和丰富的想象投入到工作中去，从而提高工作效率。有资料表明，如果一个人对某份工作有浓厚的兴趣，他就可能发挥全部才能的80%～90%，并能长时间地保持高效率而不感到疲劳；如果一个人对某份工作缺乏兴趣，就只能发挥全部才能的20%～30%，且容易精疲力尽。

2. 职业兴趣是事业成功的重要因素

一个人的兴趣、动机、感情、价值观等倾向性因素都会对其职业生涯产生影响，而这些因素中，兴趣所起的作用最大。兴趣不仅可以影响人们的职业定向和职业选择，还可以开发人们的潜能，激励人们去探索和创造。如果一个人对所从事的工作有兴趣，在工作过程中就有干劲，容易投入，也容易出成绩，即使遇到不如意或挫折也能迅速调整心态继续坚持下去；如果一个人对所从事的工作缺乏兴趣，就不能专心致志，遇到挫折也容易轻言放弃。

（二）气质与职业的匹配

"气质"同我们日常生活中所说的"脾气""秉性"相近，主要是指个人心理活动的稳定的特点。气质影响个人活动的方方面面，并且使个人不论身处什么样的活动内容与场合中，怀有怎样的兴趣与动机，都稳定地显示出同样性质的特点。例如，一个人说话、办事、走路、吃饭都是急匆匆的，显示出急脾气。气质是遗传的、先天决定的，但是随着年龄的增长、环境的变化、教育的影响、境遇的改变，气质也会发生改变。而这种改变与其他心理特征如性格和能力的改变相比要缓慢得多。因此，气质是指个体心理活动稳定的、不以活动目的及内容为转移的动力特征。这种动力特征主要指心理过程的速度（如知觉速度、思维灵活度）、稳定性（如注意力集中的时间）、强度（如情绪强烈程度）、指向倾向性（如有人倾向于把心理活动指向内心，有人则倾向于指向外界环境）等方面的特点。

气质类型的几种主要特征包括感受性、耐受性、反应敏捷性、可塑性、情绪兴奋性、指向性等。这些特征的不同组合构成了胆汁质、多血质、黏液质和抑郁质四种气质类型。现实生活中完全属于某一种类型的人很少，大多数人都是拥有几种气质类型特征的中间型。这四种气质对人所从事的职业性质和工作效率有不小的影响。

四种气质类型的心理特征及行为表现如表 2-1 所示。气质类型自测见本章第四节。

表 2-1 四种气质类型的心理特征及行为表现

气质类型	心理特征及行为表现
胆汁质	感受性低，耐受性高，能忍受强烈的刺激，能坚持长时间的工作而不知疲劳，精力旺盛，外倾明显，直爽热情，情绪兴奋性高，但心境变化剧烈、情绪产生迅速，具有爆发性，难以克制自我
多血质	感受性低，耐受性高，反应灵敏，活泼好动，外倾，易适应外界环境变化，善交际，易接受新生事物，但注意力易分散，兴趣多变
黏液质	感受性低，耐受性高，反应速度慢，情绪兴奋性低，但很平稳，举止平和，踏实，行为内向，头脑清醒，做事有条不紊但易循规蹈矩，注意力稳定性强，不善言谈，交际适度
抑郁质	感受性高，耐受性低，内心体验深刻，行为极端内向，敏感机智，能注意到别人注意不到的事物，多愁善感，喜独处不愿交往，做事认真仔细，动作迟缓，防御反应明显

1. 胆汁质与职业选择

胆汁质的心理特征属于兴奋而热烈的类型。表现为有理想、有抱负、有独立见解。这种气质类型的人精力旺盛，行动迅速，行为果敢，表里如一。在语言、面部表情和体态上都给人以热情直爽、善于交际的印象，不愿受人指挥而愿意指挥别人。他们一旦认准目标，就希望尽快实现，遇到困难也不屈不挠，有魄力，敢负责，但往往比较粗心，容易感情用事，自制力差，性情急躁，主观任性，有时刚愎自用。这类人由于神经过程不平衡，工作带有明显的周期性，能以较大的热情投身于事业，一旦精疲力尽，情绪顿时转为沮丧而心灰意冷。胆汁质的人面临毕业择业时，往往表现出很高的积极性，主动出击，求职和竞争意识强烈。这种热情和主动性往往被用人单位所赏识，易于被录用。

一般说来，胆汁质的人倾向于选择且适合于竞争激烈、冒险性和风险意识强的职业或者是社会服务型的职业，比如体育运动员、企业改革者、航空、勘探、探险者、演说家、营销员等，不适合长期安坐的工作。

2. 多血质与职业选择

多血质的心理特征属于敏捷好动的类型。由于神经过程平衡且灵活性强，这种气质类型的人更易于适应环境的变化，性格开朗、热情、喜闻乐道、善于交际。他们在群体中精神愉快，相处自然，常能机智地摆脱困境。在工作和学习上肯动脑筋，表现出机敏的工作能力和较高的办事效率。对外界事物有广泛的兴趣，充满自信，不安于循规蹈矩的工作，情绪多变，富于幻想，易于浮躁，容易见异思迁，缺乏忍耐力和毅力。他们在职业市场很受青睐，占有较强和有利的竞争优势，相对来说有较宽广的选择范围和较多的机会。

多血质的人一般适合于抛头露面、出风头和与人交往方面的职业，比如记者、律师、公关人员、艺术工作者、秘书和其他一些社会性工作等，不适合单调或过于细致的工作。

3. 黏液质与职业选择

黏液质的心理特征属于沉默而安静的类型。这种气质类型的人由于神经过程平衡且灵活性低，反应较迟缓，无论环境如何变化，都能基本保持心理平衡。凡事力求稳妥，深思熟虑，一般不做无理的事，具有很强的自我克制能力。外柔内刚，沉静多思，很少露出内心的真情实感。与人交往时，态度持重适度，不卑不亢，不爱抛头露面或做空泛的谈话。行动缓慢而沉着，有板有眼，严格恪守既定的生活秩序和工作制度，心境平和，沉默寡言。因此，这类人能够高质量地完成那些要求有坚韧不拔、埋头苦干的品质和长时间集中注意力、有条不紊的工作。其不足之处是过于拘谨，不善于随机应变，常常墨守成规，故步自封。

总之，黏液质的人的出色之处在于，他们大多数都能很好地利用协调性、积极性、社会性及情感稳定性冷静而出色地表现自己的才能，发挥卓越的能力，而且无论地位高低，都在自己的行业中占有重要位置。他们不仅能从事学术、教育、研究、技术、医生等内向型行业，而且可以活跃在政治家、外交官、商人、律师等外向型职业领域。此外，以其独特才能驰骋在作家、艺术家、广告宣传、新闻报道领域的黏液质的人也不少。在实际工作岗位上，黏液质的人多数精明强干，如出色的公务员、有才气的作家、头脑精明的银行家。

4. 抑郁质与职业选择

抑郁质的心理特征属于呆板而羞涩的类型。这种气质类型的人对事物敏感，难以承受过大的精神紧张，常为微不足道的小事引起情绪波动。情绪体验的方式比较少，极少在外表上流露自己的情感，但内心体验却相当深刻。沉静含蓄、感情专一、喜欢独处、交往拘束、性格孤僻，在友爱的集体里，可能是一个很容易相处的人，对力所能及的工作能够认真完成，遇事三思而后行，求稳不求快，因而显得迟缓刻板。学习工作易疲倦，在困难面前怯懦、自卑、优柔寡断。遇事多疑，往往缺乏果断和信心。

抑郁质的人在只需要一个人刻苦奋斗，不需要人际交往的学术、教育、研究、医学等内在要求慎重、细致、周密思考的职业领域往往有较好发展，校对、打字、排版、检验、化验员、登记员、保管员等工作也比较适合他们。

（三）性格与职业的匹配

性格是指一个人在对现实稳定的态度和习惯化了的行为方式中所表现出来的个性心理特征，是个性特征中具有核心意义的部分，人与人之间的个性差异首先表现在性格上。性格与气质不同，它有好坏之分。性格在一定程度上能够掩盖和改造气质，还对能力的形成和发展起制约作用。

性格中对劳动、对工作态度的成分，直接影响到职业的选择和职业的成就。有的人以劳动为荣，把劳动当作自己的需要；有的人则以劳动为耻，把劳动和工作当成自己的负担。有的人积极、主动、肯干；有的人消极、怠慢。有的人对工作认真负责，一丝不苟；有的人则马虎大意，敷衍塞责。

性格中反映对他人、对自己和对集体态度的成分，往往也影响职业的选择和成就。自私、傲慢、孤僻、暴躁，对公益事业漠不关心，轻视社会行为规范的人，就不适于从事与人打交道的职业，如教师、服务员、公关人员、外交人员、机关干部等。性格中的意志成分也同职业的选择与成就有密切关系。缺乏坚韧性的人不适宜从事诸如外科医生、科学研究人员、资料管理人员、运动员等要求耐力很强的工作；动摇、怯懦、散漫的人不适宜选择诸如思想政治工作、服务员、教师等职业。

总之，性格与职业的关系十分密切，并且相互作用。在职业选择中，个体应重视这种关系，充分考虑性格与职业的适应性，同时也要依靠实践活动培养和改善自身适应职业要求的性格特征，使性格与职业达到完美的匹配。

（四）能力与职业的匹配

能力是个性心理特征的重要组成部分。对于高校学生而言，了解和测试自身的气质和性格，仅仅解决了与职业目标"适不适应"的问题，而要判定自己的职业目标是否可行，则必须分析和测试自身的能力，找准自我能力优势，并形成自身多元的能力结构。能力是指直接影响活动效率，使活动任务得以顺利完成的个性心理特征。能力是和活动联系在一起的，在一定的活动中表现出来，如观察确切、思维敏捷、分析全面、判断准确、善于表达等。

心理学上把人的能力分为一般能力和特殊能力两大类。一般能力是指人的观察力、记忆力、注意力、思考力、想象力等，也就是我们通常说的智力；特殊能力是指一些行业或行业领域所要求具备的特别能力，像计算机程序设计、音乐、绘画等创造性工作需要的抽象思维能力、节奏韵律能力、色彩鉴别能力等。具有特殊能力往往能使人在职业选择中体现出优势，尤其在现代社会中，高薪酬、高社会关注度、高自我实现度的职业常常对有特殊能力的年轻人格外垂青。比如，IT业的创业或管理者、演艺界明星、运动员、飞行员等，一向都是年轻人向往的职业，但也是对特殊能力要求比较高的职业。近年来，报考艺术院校成为潮流，但许多年轻人仅仅凭着兴趣和向往就为此付出执着的努力，却没有通过有效的测试来认识自己是否具备在这条道路上发展的特殊能力。事实上，能力决定着一个人在所选择的事业中能走多远。

不同的职业对能力的要求是不同的，医生需要更为敏锐的观察能力，教师要有较好的语言表达能力和记忆力，而记者除敏锐观察能力之外，还需要有良好的分析思考能力。可见，职业与能力之间存在着重要的匹配关系。因此，大学生对自己的能力需要作一个客观的评估，特别是要准确定位自己的能力特性，即能力优势。这是规划职业生涯、确定职业目标的关键性因素，只有职业目标与自身优势能力相匹配，一个人的事业才会前途广阔，发展才能前程远大，从而取得成功。如果不具备某个职业所要求的能力，即使再努力勤勉也收效甚微。

能力与职业的匹配关系主要是指一般能力与职业的匹配，下面简要介绍几种能力与职业的联系。

1. 语言能力

语言或文字富有感染力和鼓动性，语言能力强的人善于表达自己的思想和观点，可以从事教师、节目主持、演说、外事、律师、咨询、导游、商业营销等职业。

2. 观察能力

观察能力强的人善于发现，对事物及物体细节具有较强的知觉能力，可以从事记者、工程师、生物研究、医生、护士、绘图师等职业。

3. 数理能力

数理能力强的人能够快速运算，进行推理，解决应用问题，可以从事会计师、审计师、工程师、软件开发、建筑设计、医药配剂、金融投资、经纪人、信息服务等职业。

4. 社交能力

社交能力强的人善于进行人与人之间的交往，思想活跃，联系广泛，能够协同工作并建立良好的人际关系，可以从事公关人员、对外联络员、新闻发布、物业管理、调解员等职业。

5. 实际操作能力

实际操作能力强的人善于迅速而准确地操纵物体或工具，可以从事机构操控与检修、模型创造、计算机操作、民间工艺、汽车驾驶等职业。

（五）价值观与职业的匹配

价值观是指一个人对周围客观事物（包括人、事、物）意义、重要性的总的看法和评价。价值观是社会成员用来评价行为、事物以及从各种可能目标中选择自己满意的目标的准则。价值观通过人们的行为取向及对事物的评价、态度反映出来，是世界观的核心，是驱使人们行动的内部动力。在同一客观条件下，对于同一个事物，由于人们的价值观不同，会产生不同的行为。

职业价值观是人们对社会职业需求所表现出来的评价，是人生价值观在职业问题上的反映。价值观对职业生涯的影响主要体现在选择职业上，即对生活方式、工作角色的选择上。在职业规划中，价值观是职业定位的最关键因素。一个人只有所从事的职业与自我价值观相符合时，才不会有心理冲突，才能充分调动积极性，最大限度地发挥能力，满足高层次自我实现的需要，产生成就感。

不同的人有不同的职业价值观，不同的职业价值观适合从事不同的职业或岗位。如果一个人在择业时选择了与自己的职业价值观不符的职业，就很难在这个岗位上工作下去。

职业专家通过大量的调查，从人们的理想、信念和世界观角度把职业分为九大类。

1. 自由型（非工资工作者型）

特点：不受别人指使，凭自己的能力拥有自己的小"城堡"，不愿受人干涉，想充分施展本领。

相应职业类型：室内装饰专家、图书管理专家、摄影师、音乐教师、作家、演员、记者、诗人、作曲家、编剧、雕刻家、漫画家等。

2. 经济型（经理型）

特点：他们断然认为世界上的各种关系都建立在金钱的基础上，包括人与人之间的关系，甚至父母与子女之间的爱也带有金钱的烙印。这种类型的人确信，金钱可以买到世界上所有的幸福。

相应职业类型：各种职业中都有这种类型的人，商人为甚。

3. 支配型（独断专行型）

特点：相当于组织的一把手，飞扬跋扈，无视他人的想法，为所欲为，且视此为无比快乐。

相应职业类型：进货员、商品批发员、旅馆经理、饭店经理、广告宣传员、调度员、律师、政治家、零售商等。

4. 小康型

特点：追求虚荣，优越感也很强。很渴望能有社会地位和名誉，希望常常受到众人尊敬。欲望得不到满足时，由于过于强烈的自我意识，有时反而很自卑。

相应职业类型：记账员、会计、银行出纳、法庭速记员、成本估算员、税务员、核算员、打字员、办公室职员、统计员、计算机操作员等。

5. 自我实现型

特点：不关心平常的幸福，一心一意想发挥个性，追求真理。不考虑收入、地位及他人对自己的看法，尽力挖掘自己的潜力，施展自己的本领，并视此为有意义的生活。

相应职业类型：气象学者、生物学者、天文学家、药剂师、动物学者、化学家、科学报刊编辑、地质学家、植物学者、物理学者、数学家、实验员、科研人员等。

6. 志愿型

特点：富于同情心，把他人的痛苦视为自己的痛苦，不愿干表面上哗众取宠的事，把默默地帮助不幸的人视为无比快乐。

相应职业类型：社会学者、导游、福利机构工作者、咨询人员、社会工作者、社会科学教师、护士等。

7. 技术型

特点：性格沉稳，做事组织严密，井井有条，并且对未来充满平常心态。

相应职业类型：木匠、农民、工程师、飞机机械师、野生动物专家、自动化技师、机械工、电工、火车司机、公共汽车司机、机械制图人员等。

8. 合作型

特点：人际关系较好，认为朋友是最大的财富。

相应职业类型：公关人员、推销人员、秘书等。

9. 享受型

特点：喜欢安逸的生活，不愿从事任何挑战性的工作。

相应职业类型：无固定职业类型。

第二节　职业心理发展

一、金斯伯格的职业生涯发展理论

美国著名的职业指导专家、职业生涯发展理论的先驱和典型代表人物——金斯伯格提出的"职业生涯发展理论"主要研究个体从童年到青少年阶段的职业心理发展过程。他将职业生涯的发展分为幻想期、尝试期和现实期三个阶段。

(1) 幻想期：11 岁之前的儿童时期。儿童们对大千世界，特别是对于他们所看到或接触到的各类职业工作者，充满了新奇、好玩的感觉。此时期职业需求的特点是：单纯凭自己的兴趣爱好，不考虑自身的条件、能力水平和社会需要与机遇，完全处于幻想之中。

(2) 尝试期：11～17 岁，这是由少年儿童向青年过渡的时期。此时期，人的心理和生理在迅速成长发育和变化，有独立的意识，价值观念开始形成，知识和能力显著增长和增强，初步懂得社会生产和生活的经验。在职业需求上呈现出的特点是：有职业兴趣，但不仅限于此，会更多地、客观地审视自身各方面的条件和能力；开始注意职业角色的社会地位、社会意义，以及社会对该职业的需要。

(3) 现实期：17 岁以后的青年年龄段。这一阶段的人即将步入社会劳动，能够客观地把自己的职业愿望或要求，同自己的主观条件、能力以及社会现实的职业需要紧密联系和协调起来，寻找适合于自己的职业角色。现实期所希求的职业不再模糊不清，已有具体的、现实的职业目标，表现出的最大特点是客观性、现实性、讲求实际。

金斯伯格的职业生涯发展理论事实上是前期职业生涯发展的不同阶段，也就是说，揭示了初次就业前人们职业意识或职业追求的发展变化过程。金斯伯格的职业生涯发展理论对实践活动曾产生过广泛的影响。

二、舒伯的生涯发展理论

舒伯是生涯辅导理论的大师，他的生涯发展理论主要受到两种思想的影响。第一种是自我概念理论，即认为行为是个体自我描述和自我评估的一种反映。就职业这个特殊概念而言，个体在职业兴趣评估中的反应代表着他依据自身持有的职业刻板印象进行的自我概念的投射。个体接受或拒绝某种职业在很大程度上基于这一理念，即这种职业是否与自我观念相一致。对舒伯的理论产生重要影响的第二种思想是比勒的发展心理学理论。比勒认为，人生由不同阶段组成，不同阶段的发展任务是不断变化的。舒伯的生涯发展概念就是建立在比勒关于人生不同发展阶段的理论框架基础之上的，并且假设职业任务是更广阔的人生任务的反映。

舒伯认为，人们竭力通过职业选择来贯彻自己的自我概念，因为职业选择有很大的可能性允许自我表达。个体通过特定的行为表现来贯彻其职业自我概念是个体人生发展阶段的一种功能。对于成人而言，其自我概念是稳定的。然而，自我概念如何贯彻实现却依赖于外部环境。因此，在青少年时期进行的职业决策和在中晚年时期进行的职业决策会表现出不同的形式。舒伯的理论认为，个体在企图贯彻自我概念的过程中，其生命周期不同阶段的需求会发生改变，在这种情况下可以更好地理解其不同的职业行为。

具体来说，舒伯认为可以将生涯发展规划分为成长、探索、建立、维持与衰退5个阶段，具体如下：

(1) 成长阶段：由出生至14岁，该阶段孩童开始发展自我概念，开始以各种不同的方式来表达自己的需要，且经过对现实世界不断地尝试，修饰自己的角色。通过家庭、学校中重要人物的认同，个体发展出相应的自我概念；需要与幻想为该阶段最主要的特质；随着年龄的增长，个体社会参与度和社会经验逐渐增加，兴趣和能力开始发挥作用。

这个阶段发展的任务是：发展自我形象，发展对工作世界的正确态度并了解工作的意义。这个阶段共包括三个时期：一是幻想期(4～10岁)，它以"需要"为主要考虑因素，在这个时期幻想中的角色扮演很重要；二是兴趣期(11～12岁)，它以"喜好"为主要考虑因素，喜好是个体抱负与活动的主要决定因素；三是能力期(13～14岁)，它以"能力"为主要考虑因素，能力逐渐具有重要作用，而个体能够开始考虑工作条件。

(2) 探索阶段：15～24岁，该阶段的青少年通过学校的活动、社团休闲活动、打零工等机会，对自我能力及角色、职业作了一番探索，因此选择职业时有较大弹性。

这个阶段发展的任务是：使职业偏好逐渐具体化、特定化并实现职业偏好。这阶段共包括三个时期：一是试探期(15～17岁)，考虑需要、兴趣、能力及机会，作暂时的决定，并在幻想、讨论、课业及工作中加以尝试；二是过渡期(18～21岁)，进入就业市场或专业训练，更重视现实，并力图实现自我观念，将一般性的选择转为特定的选择；三是试验并稍作承诺期(22～24岁)，职业生涯初步确定并检验其成为长期职业生活的可能性，若不适合则可能再经历上述各时期以重新确定方向。

(3) 建立阶段：25～44岁，由于经过上一阶段的尝试，不合适者会谋求变迁或作其他探索，因此本阶段基本能确定在整个事业生涯中属于自己的"位子"，而在31～40岁开始考虑如何保住这个"位子"并固定下来。

这个阶段发展的任务是稳固并求上进。这个阶段又可细分为两个时期：一是试验-承诺稳定期(25～30岁)，个体寻求安定，也可能因生活或工作上若干变动而尚未感到满意；二是建立期(31～44岁)，个体致力于工作上的稳固，大部分人处于最具创意时期，表现优良。

(4)维持阶段：45～65岁，个体仍希望继续维持属于他的工作"位子"，同时会面对新的人员的挑战。这一阶段发展的任务是维持既有成就与地位。

(5)衰退阶段：65岁以上，由于生理及心理机能日渐衰退，个体不得不面对现实从积极参与到隐退。这一阶段往往注重发展新的角色，投入退休后的生活，寻求不同方式以替代和满足需求。

衰退阶段的任务是减退、解脱、退休。

以上就是舒伯职业生涯发展的各个阶段。每一阶段都有一些特定的发展任务需要完成，每一阶段都需达到一定的发展水准或成就水准，而且前一阶段发展任务的达成与否关系到后一阶段的发展。总之，个体经过不同生命阶段会呈现出不同的职业行为。青少年时期所扮演的角色是生涯方向的探索者。到成年早期，则通过一定的培训和工作实践将先前确定的生涯方向付诸行动。成年中后期，个体应该找到适合自己的职业，不断努力，获得一个满意的职位。职业发展的各个阶段都存在最适合该阶段的行为。个体各阶段职业任务的完成程度反映出与之相对应的行为完成的充分性。

基于生涯发展理论，舒伯在英国进行了为期四年的跨文化研究，之后他提出了一个更为广阔的新观念——生活广度、生活空间的生涯发展观。这个生涯发展观除了原有的发展阶段理论之外，舒伯还加入了角色理论，并结合生涯发展阶段与角色彼此间相互影响的状况，描绘出了一个多重角色生涯发展的综合图形。这个生活广度、生活空间的生涯发展图形，舒伯将它命名为"生涯彩虹图"(见图2-1)。

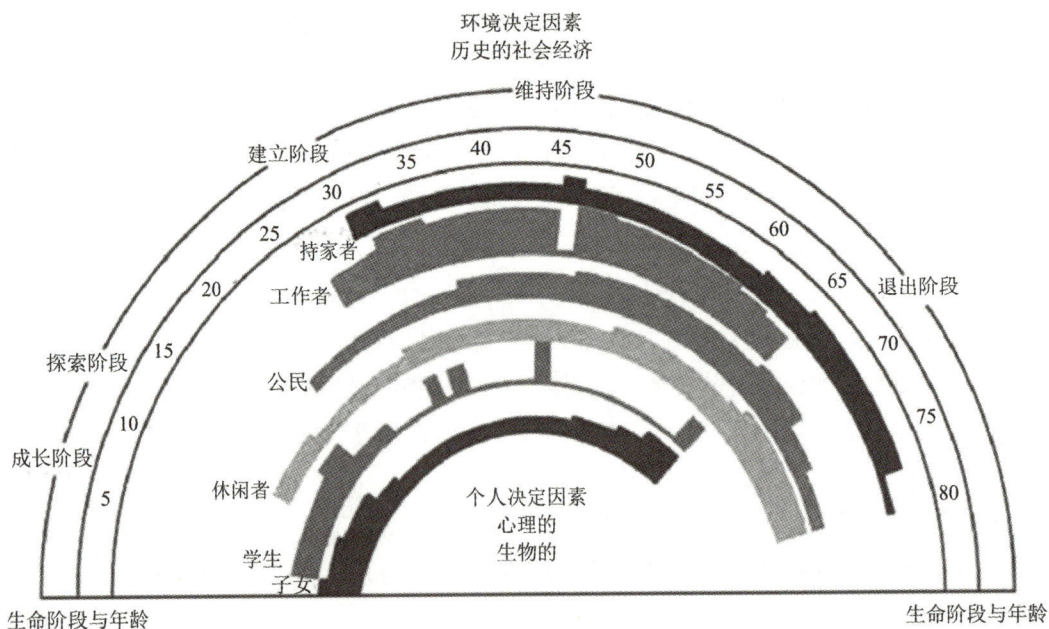

图2-1 生涯彩虹图

(1) 横贯一生的彩虹——生活广度。在生涯彩虹图中，横向层面代表的是横跨一生的生活广度。彩虹的外层显示人生主要的发展阶段和大致估算的年龄：成长阶段（约相当于儿童期）、探索阶段（约相当于青春期）、建立阶段（约相当于成人前期）、维持阶段（约相当于中年期）以及衰退阶段（约相当于老年期）。在这五个主要的人生发展阶段内，各个阶段还有小的阶段，舒伯特别强调各个阶段年龄划分有相当大的弹性。应依据个体不同的情况而定。

(2) 纵贯上下的彩虹——生活空间。在生涯彩虹图中，纵向层面代表的是纵贯上下的生活空间，由一组角色组成，包括六种主要的角色：子女、学生、休闲者、公民、工作者和持家者。

大学生正处于职业生涯探索阶段。该阶段的主要任务是将职业偏好具体化并实现职业偏好。此过程中个体需要学习大量的专业知识，并参加相关的实践活动。个体还要意识到，制订一份职业偏好的实现计划并且努力完成这份计划的必要性。

三、生涯发展的社会学习理论

近年来，社会学习理论在职业生涯规划和决策中得到越来越广泛的应用。它以美国当代著名的心理学家班杜拉提出的社会学习理论为基础。社会学习理论强调替代的、榜样的、自我调适的过程在行为决策中的作用，因此，以该理论为基础的生涯发展理论，注重清晰而详细地阐明如何作出生涯决策，重视说明生涯发展过程中的应对策略和生涯决策结果。

以社会学习理论为视角的生涯决策过程，重在说明影响我们每个人在关键时刻作出生涯决策的个体和环境事件。例如，父母对我们选择从事何种工作的影响；在你求职的关键期遭遇家庭变故，你不得不将收入因素放在职业决策的首位，而将个人兴趣置于其后等。我们的父母、伴侣、朋友，一些重大生活事件，在我们需要作出生涯决策的时刻，都会对我们产生重要的影响。生涯发展的社会学习理论，将影响我们职业生涯发展与决策的因素归为以下几类：

(1) 遗传特征。如种族、性别、生理外表以及那些显然是遗传的特殊能力，例如运动能力、智力等。我们可以观察身边的同学，擅长运动的同学具备哪些优越的身体条件？你也可以做个小调查，看看身边的少数民族同学，他们的职业兴趣和偏好有没有什么共同点？

(2) 环境事件和个体的生活背景、人际交往。例如我们所生活地区的社会氛围、个体的经验、劳务市场、个体进入职场后可获得的培训机会，以及影响职业生涯决策的社会政策（如公务员考试，再如劳动法、退休政策）等都会影响我们的生涯决策。

(3) 学习经历。我们每个人的学习经历可以分为两类。一类是联想性学习，在这类学习中，我们通过观察事件之间的关系，能够预测其相依关系，例如，参加司法考试是以后从事法律行业的重要保障。另一类学习是工具性学习，在这类学习经历中，学习者直接对环境产生影响，得到可观察到的结果，例如，我们努力学习第二语言，提高自己的就业竞争力。

(4) 任务解决技能。该类技能是遗传特征、环境事件和学习经历，也就是前面提到的三类因素相互作用的结果。通过这一系列的经历，个体形成并学会应用一系列的范围广泛的技能和态度，包括工作标准、工作价值观、工作习惯、知觉习惯、认知技能。而这些行为会随着经验及行为结果的反馈而发生变化。例如，一个出生于运动世家的个体，基于先天的遗传因素 (如良好的身体条件和素质)，以及受到父母所从事职业的耳濡目染，从小学习并接受相关的体育竞技项目的训练，之后再进入体育行业。

此外，我们也会看到很多所谓的"星二代"，在父母的光环下，能够较顺利地进入娱乐圈拍戏、唱歌，但得到的反馈不佳时，也会转而从事其他行业，也就是我们所说的生涯决策行为有时会随着行为结果的反馈而发生变化。

总而言之，生涯发展的社会学习理论强调，人们将一系列遗传的和后天习得的特质带进了他们生活的特定环境中。这些特质与环境相互作用，使个体形成对自己的自我认识，进而影响到个体与工作及生涯决策相关的行为，而这些行为又受到自然的或有计划的强化或惩罚的影响。

第三节　大学生常见就业心理问题

一、大学生常见就业心理问题类型

大学生在就业过程中可能会面临多种心理问题，这些问题通常是由于他们对自我认识和社会环境的错误评估导致的。他们在寻找工作的过程中或焦虑不安，茫然不知所措；或情绪亢奋，四处求职，一旦碰壁，又灰心丧气或怨天尤人；还有的学生优柔寡断，患得患失，整日心绪不宁。以下是大学生在就业过程中可能出现的几个主要心理问题类型。

（一）情绪心理问题

大学生在择业就业过程中可能会经历抑郁心理，表现为心情低落、压抑和紧张。这种心理可能是由于多次受挫造成的，他们可能因为不能准确地定位自己而受到用人单位的拒绝，进而感到绝望和怨恨社会。

（二）社会心理问题

大学生在就业过程中可能会受到他人的影响，产生从众心理、攀比心理、嫉妒心理等问题。从众心理可能导致他们盲目追求热门职业和工作单位，而不考虑自己的实际情况；攀比心理可能导致他们过于关注别人的成就，而忽略了自己的优势；嫉妒心理则可能导致他们对自己不如意的地方感到不满。

（三）依赖心理

中国传统教育模式在大学生心中留下了"在家靠父母，在校靠老师，出门靠朋友"的陈旧观念。在市场经济大潮下，竞争日趋激烈，但部分毕业生却放弃了主动择业的机会，放弃了竞争，在择业过程中不把主要精力放在提高职业能力、择业技巧上，而是把希望寄托在父母和亲友身上，自己不主动去选择用人单位，也不愿意接受用人单位的选择，使自己失去在择业中检验自己、磨炼意志、了解和适应社会的机会。这其实是一种缺乏自信心的表现。

（四）自卑心理

部分大学生因所学专业不景气，或因自己的专业知识、技能不如其他同学，或因求职屡次受挫，从而产生了强烈的自卑感，进而转化为自卑心理。有这种心理的毕业生往往没有信心和勇气面对用人单位，不能适当地向用人单位展示自身的长处，从而严重影响择业与就业。

自卑心理可能会导致大学生对自己的能力和潜力持有过低的评价，从而在求职过程中缺乏自信心，难以展现出真实的水平和潜力。

（五）焦虑心理

有的大学生由于心理承受力、自控能力比较差，当面临毕业时，在各种压力面前心理失衡，难以自控，表现出焦虑、烦躁不安。大学生就业的焦虑，是由于意识到就业的客观形势与自我主观条件的矛盾而产生的表现。引起毕业生焦虑的问题主要有：自己的理想是否能实现；能否找到一个适合自己专业特长、工作环境优越的单位；用人单位能否选中自己；屡屡被用人单位拒之门外怎么办；自己看中的单位，父母或恋人不同意怎么办；到单位后不能胜任怎么办；等等。特别是一些学习成绩不佳，没有什么特长的学生会更加焦虑。处于焦虑状态的学生，情绪上往往会表现出紧张烦躁、心神不宁、意志消沉、萎靡不振；学习上得过且过、穷于应付、反应迟钝；生活上食不甘味、卧不安席。一般来说，适度的焦虑可以产生压力，这种压力是对自身的一种督促，它可使人增强进取心，产生求胜的心理和行为。

焦虑心理还可能是由心理冲突或挫折引起的，如过度焦虑、自卑、怯懦等。这些心理问题可能会使学生在择业时感到精神压力，紧张烦躁。如果一个人心理上过度焦虑，又不能在一定时间内化解这些情绪，则会干扰人的正常活动，甚至可能导致严重的心理障碍或疾病。

（六）自负心理

在部分学生的求职意向中，择业标准有"三高"，即高起点、高薪水、高职位。对工作的具体要求有"六点"，即名声好一点，牌子响一点，效益高一点，工作轻一点，离家近一点，管理松一点。这明显是一种贪图安乐、追求享乐、怕吃苦的表现。有的同学抱着宁高勿低、宁缺毋滥的心理去求职，先是大城市、省会城市，然后是中等城市。在大城市扎不下根，宁愿毕业后死守在那里打工漂泊，也不愿屈身去往县城，这种盲目攀高的自负心理主宰着部分学生的行为，往往导致求职屡屡失败。自负心理可能会导致大学生对自己的期望值过高，脱离实际，从而无法找到合适的职位。

（七）冷漠心理

在遭遇挫折后，一些大学生可能会出现冷漠的心理反应，如不思进取、情绪低落、情感淡漠、意志消沉。

（八）攀比心理

大学生在择业过程中常表现出虚荣和攀比心理，所谓"这山望着那山高"。受虚荣心的驱使，有的同学在择业时，往往把自己所选择的用人单位与同班级的其他同学相比，在这种心理的作用下，即使某单位非常适合自己，但因某个方面比不上其他同学选择的就业单位，就仓促放弃，事后却后悔不已。还有的同学，选择就业单位时不从自己的实际情况出发，不考虑自己的竞争能力和真实水平，也不听取别人的劝说，应聘时被用人单位拒之门外，或是侥幸入职，但在工作岗位上难以适应，不能发挥个人能力，最终遭到淘汰，不得不重新就业。

二、大学生就业心理问题解决途径

（一）正视现实，敢于竞争

1. 正视现实

正视现实是择业必备的健康心态之一，包括两方面的内容：正视社会和正视自身。

1) 正视社会

现实是客观的，既有利于自己的一面，也有不利于自己的一面。随着社会主义市场经济的发展，社会越来越尊重知识、尊重人才。社会将尽可能地为大学生求职择业提供合适的环境，为大学生施展自己的才能提供广阔的天地。

2) 正视自身

常言道：知人为聪，知己为明；知人不易，知己更难。一个不能正确认识自己的人，不能把主观愿望和客观条件有机结合起来，从而选择切合实际的目标。正视自身，首先要对自己有充分的认识，如思想表现、专业学习状况、各种能力、身心素质等。对自己有充分的认识，有助于将主观愿望与客观实际结合起来。这里需要指出，对自身个性心理特征充分的、客观的认识，在择业时起着重要的参考作用。

2. 敢于竞争

1) 要敢于竞争

学生就业制度的改革，为毕业生和用人单位提供了"双向选择"的机会，充分体现了竞争机制的优势，使学生能够根据国家赋予自己的权利，结合自己的专业、爱好、性格、特长、愿望等挑选工作岗位。大学生可以通过适当的途径和方式展示自己、推荐自己，获得用人单位的青睐，努力实现自己的抱负。

大学生要敢于竞争，有竞争意识，敢想、敢说、敢干，有敢为天下先的精神，还要从实际出发，充分考虑到自己的专业、性格、气质、爱好等，扬长避短。竞争要靠真才实学，而不能靠纸上谈兵、夸夸其谈，更不能互相拆台或互相忌妒。

大学生在竞争中应互相学习、互相勉励、共同进步，同时还要准备经受挫折。求职择业的过程中充满竞争，失败在所难免，大学生有了充分的思想准备就会成为竞争中的强者。

2) 要善于竞争

大学生要想在求职与择业中取得成功，仅仅敢于竞争是不够的，还必须善于竞争。善于竞争体现在具备良好的心理素质、实力和良好的竞争状态。在面试时，要克服情绪上的焦虑和波动。如果一个人自始至终能以良好的情绪对待学习、工作和生活，那他就有可能在竞争中获胜。善于竞争，还要做到在面试时仪表端庄，举止得体，给人留下良好的第一印象；锻炼出较好的口才，交流时口齿伶俐、表述清晰；合理利用有关规则等。毕业生尤其要学会推销自己。

（二）不怕挫折，放眼未来

1. 不怕挫折

挫折是指个人在从事有目的的活动过程中遇到了干扰和障碍，致使动机不能实现时的情绪状态。生活中的挫折是造就强者的必由之路，挫折是锻炼意志、增强能力的好机会。

2. 放眼未来

1) 调整就业心态

初出校门的大学生应该把眼光放长远一些。"一次就业定终身"的桎梏早已被打破，要把第一份工作看成是聚集实力和竞争资本的好机会。毕业生择业时不要盲目攀比，心理价位尽量向市场价值靠拢；应该排除趋热、趋利的择业误区，有走向基层、走向农村、走向第三产业、走向老少边穷地区的准备和决心；把目标从求轻松和求舒适转到重视拼搏奉献、报效祖国，重视自我创业、实现自我价值上来。

2) 调整择业期望值

调整择业期望值，通常采取"分步达标"和自我调整的办法。"分步达标"是确定一个总的期望值，再将总的期望值分解成几个阶段性目标逐步付诸实践。在该过程中，如果发现自己所选择的阶段期望值过高，就把它移作下一阶段的期望目标。自我调整就是对自己职业位置的希望按主次分成不同的层次，首先满足主要的需求，然后根据实际情况依次进行必要的调整，直到个人意愿与社会需求相吻合。

总之，大学生要看到，不管怎样，进入职场是自己生活的新起点，全身心地投入职业才能使自己不断成长、发展，并得到充实、满足，从而实现人生的目标，实现服务于社会的目标。有理想、有抱负的青年学生应该怀着一腔热血，到祖国最需要的地方去建功立业、奉献青春。首次择业未成功或未能如愿，还可以有第二次、第三次甚至更多的择业机会。越来越开放的人事流动制度，将为大学毕业生提供更为广阔的就业前景。

第四节 自 我 评 估

一、认识自己

关于自我意识，心理学家 Joseph Luft 和 Harry Ingham 提出"乔哈里窗 (Johari Window)" (见图 2-2) 理论，将自我划分成四个领域：公开的我、盲目的我、秘密的我、未知的我。

	自己知道	自己不知道
别人知道	公开的我	盲目的我
别人不知道	秘密的我	未知的我

图 2-2 乔哈里窗

(1) 公开的我。公开的我属于公开活动的领域。这是自己知道别人也知道的部分，比如我们的性别、外貌、身高、婚否、职业、工作生活所在地、能力、兴趣爱好、特长、成就等。"开放我"是自我最基本的信息，也是了解自我、评价自我的基本依据。

(2) 盲目的我。盲目的我属于个体自我认识的盲点。这是自己不知道而别人知道的部分，即我们所说的"当局者迷，旁观者清"，比如一个人的无意识动作、无意识的表情和语言等，自己觉察不到，但别人却能观察到。"盲目我"的程度大小与自我观察、自我反省的能力有关，通常内省特质比较强的人，"盲目我"程度比较小。而熟悉并指出"盲目我"的人，往往也是关爱你、欣赏你、信任你的人 (虽然也可能是最挑剔你的人)。所以，我们要学会用心听，重视他人的回馈，不固执，不过早下结论。

(3) 秘密的我。秘密的我属于逃避或隐藏领域。这是自己知道而别人不知道的部分，与"盲目的我"正好相反。就是我们常说的隐私、个人秘密，留在心底，不愿意或不能让别人知道的事实或心理。几乎每个人都有"隐藏我"，大家也认为这个部分是不能公之于世的，是不能让别人知道的。比如身份、缺点、往事、疾患、痛苦、窃喜、愧疚、尴尬、欲望、意念等，都可能成为"秘密我"的内容。相比较而言，心理承受能力强的人、隐忍的人、自闭的人、自卑的人、胆怯的人、虚荣或虚伪的人，"秘密我"会更多一些。适度的内敛和自我隐藏，给自我保留一个私密的心灵空间，躲开外界的干扰，是正常的心理需要。没有任何隐私的人，就像住在透明房间里，缺乏自在感与安全感。但是"秘密我"太多，"公开我"就太少，如同筑起一座封闭的心灵城堡，无法与外界进行真实有效的交流与融合，既压抑了自我，也令周围的人感到压抑，容易导致他人误解和曲解，造成他评和自评的巨大反差，成为人际交往的迷雾与障碍，甚至错失机会。勇于探索自我者，不能只停留在"公开我"的层面，还应敢于直面"秘密我"的实质。

(4) 未知的我。"未知我"也可叫"潜在我"，属于未知区。这是自己和别人都不知道的部分，有待挖掘和发现。通常是指一些潜在能力或特性，也包含弗洛伊德提出的潜意识层面，仿佛隐藏在海水下的冰山，力量巨大却又容易被忽视。探索和开发"未知我"，才能更全面而深入地认识自我、激励自我、发展自我、超越自我。

二、自我测评

（一）气质类型自测

指导语：下面 60 道题可以帮助您大致确定自己的气质类型，在回答下列问题时，"很符合"记 2 分，"较符合"记 1 分，"介于符合与不符合之间"记 0 分，"较不符合"记 -1 分，"完全不符合"记 -2 分。并将得分填入气质测验积分表中（见表 2-2）。

1. 做事力求稳妥，不做无把握的事。
2. 遇到可气的事就非常恼怒，想把心里话全说出来才痛快。
3. 宁可一个人干事，也不愿很多人在一起。
4. 到一个新环境很快就能适应。
5. 厌恶那些强烈的刺激，如尖叫、噪音、危险镜头等。
6. 和人争吵时，总是先发制人，喜欢挑衅。
7. 喜欢安静的环境。
8. 善于和人交往。
9. 羡慕那种善于克制自己感情的人。
10. 生活有规律，很少违反作息制度。
11. 在多数情况下情绪是乐观的。
12. 碰到陌生人觉得很拘束。
13. 遇到令人很气愤的事，能很好地克制自我。
14. 做事总是有旺盛的精力。
15. 遇到问题总是举棋不定，优柔寡断。
16. 在人群中从不觉得过于拘束。
17. 情绪高昂时，觉得干什么事都有趣；情绪低落时，又觉得什么事都没意思。
18. 当注意力集中于某一事物时，别的事很难使我分心。
19. 理解问题总比别人快。
20. 碰到危险的情景，常常有一种恐惧感。
21. 对学习、工作和事业怀有很高的热情。
22. 能够长时间做枯燥、单调的工作。
23. 做符合兴趣的事劲头十足，而对于不符合兴趣的事就不想干。
24. 一点小事就能引起情绪波动。

25. 讨厌做那种需要耐心、细致的工作。

26. 与人交往不卑不亢。

27. 喜欢参加热闹的活动。

28. 爱看感情细腻、描写人物内心活动的文学作品。

29. 工作学习时间长了，常感到厌倦。

30. 不喜欢只是长时间谈论一个问题，愿意实际动手干。

31. 宁愿侃侃而谈，不愿窃窃私语。

32. 别人总是说我闷闷不乐。

33. 理解问题常比别人慢些。

34. 疲倦时只要短暂休息就能精神抖擞，重新投入工作。

35. 心里有话宁愿自己想，不愿说出来。

36. 认准一个目标就希望尽快实现，不达目的，誓不罢休。

37. 学习工作同样一段时间后，常比别人更疲倦。

38. 做事有些莽撞，常常不考虑后果。

39. 老师讲授新知识时，总希望他讲得慢些，多重复几遍。

40. 能够很快忘记那些不愉快的事情。

41. 做作业或完成一件工作，总要比别人花费时间多些。

42. 喜欢活动量大的剧烈体育运动或参加各种文艺活动。

43. 不能很快把注意力从一件事情转移到另一件事情上。

44. 接受某个任务后，就希望马上把它解决。

45. 认为墨守成规比冒风险强些。

46. 能够同时注意几件事物。

47. 当我烦闷的时候，别人很难使我高兴起来。

48. 爱看情节起伏跌宕，激动人心的小说。

49. 对工作抱严谨认真、始终一贯的态度。

50. 和周围人的关系总是相处不好。

51. 喜欢复习学过的知识，重复做能熟练做的工作。

52. 希望做变化大、花样多的工作。

53. 小时候会背的诗歌，我似乎比别人记得清楚。

54. 别人说我"出语伤人"，可我并没有这种感觉。

55. 在体育活动中，常因反应慢而落后。

56. 反应敏捷，头脑机智。

57. 喜欢有条理而不麻烦的工作。

58. 兴奋的事常使我失眠，很难忘记。

59. 老师讲新概念，常常听不懂，但弄懂后很难忘。

60. 假如工作枯燥无味，马上就会情绪低落。

表 2-2　气质测验积分表

胆汁质	题号	2	6	9	14	17	21	27	31	36	38	42	48	50	54	58	总分
	得分																
多血质	题号	4	8	11	16	19	23	25	29	34	40	44	46	52	56	60	总分
	得分																
黏液质	题号	1	7	10	13	18	22	26	30	33	39	43	45	49	55	57	总分
	得分																
抑郁质	题号	3	5	12	15	20	24	28	32	35	37	41	47	51	53	59	总分
	得分																

评分方法：

(1) 若某一气质类型得分高于其他三种 4 分或 4 分以上，则可判定为该气质类型。如果该气质类型得分超过 20 分，则为典型的该气质类型，得分在 10～20 分之间为一般型的该气质类型。

(2) 两种气质类型得分差异不大于 3 分，且明显高于其他两种 4 分以上，则可判定为这两种气质的混合型。

(3) 三种气质类型得分接近，且均高于第四种，则为三种气质的混合型。

（二）职业兴趣的测评方法

常见的职业兴趣测评方法有三种：一是行为观察，即通过观察个体参与各种活动时的行为表现来推测其兴趣所在；二是知识测验，即通过测试个体掌握特定职业特殊词汇和其他信息的情况来推断其兴趣所在；三是职业兴趣测试，即职业兴趣问卷测验，这是目前职业兴趣测评中最具科学性、最常用的方法。

最早的职业兴趣调查表诞生于 1927 年，是由斯特朗编制的"斯特朗职业兴趣调查表"。1939 年，库德发表了"库德爱好调查表"。而后，霍兰德编制了"霍兰德职业偏好量表"，美国大学考试中心编制了"ACT 无性别差异兴趣问卷"。目前，在教育、培训、人事组织管理等领域应用最广泛的是"霍兰德职业偏好量表"。"霍兰德职业偏好量表"分为活动、能力、职业和自我评价四部分，每部分都分别针对现实型 (R)、研究型 (I)、艺术型 (A)、社会型 (S)、企业型 (E) 和事务型 (C) 六种类型设置了一些可供选择的选项，选中代表某类型的选项该类型就加 1 分。最后，将六种类型在四个方面的总得分由高到低进行排列，前三项的组合就是被测试者的职业类型。

（三）价值观的测评

1. 价值问卷

价值问卷是针对个人价值观的测量问卷。用于职业生涯辅导的价值问卷主要是测量与个体生涯选择有关的价值。对于价值观的测评，国内外一般采用量表法 (测量法)，即根据一定的理论依据编制相应的问卷。国外的量表一般是基于研究者自己对于职业价值观定义与结构的理解而编制的，比较著名的有明尼苏达重要性问卷、高登的职业价值观量表和塞普尔的工作价值观量表。我国的职业价值观研究起步较晚，早期主要以引进和修订西方成熟量表为主。近年来，许多研究者也自觉、严谨地编制了一系列具有中国特色的量表，如于海波的"师范生职业价值观量表"，但不具有通用性，因而没有得到普遍使用。

2. 观察法和面谈法

观察法就是通过对个体日常言谈举止、情绪行为进行一段时间的观察，然后从观察者角度去评价其价值取向。面谈法就是对一些大学生进行访谈，询问他们对就业的准备和看法，让他们描述就业前的心理状态等。

（四）MBTI 职业性格测试

MBTI 职业性格测试 (Myers-Briggs Type Indicator)，是根据荣格对人格类型的划分而设计出的一套人格测试。这套测试的目的是区分人们在感知世界和作出决策方面的不同。该测试最初是 20 世纪初由美国的心理学家伊莎贝尔·迈尔斯·布里格斯和她的母亲凯瑟琳·库克·布里格斯所编制。在这个人格测试中，区分了动机、信息收集、决策方式、生活方式四个维度和这些维度下的八个指标 (见表 2-3)，最后将测试者分为十六种人格类型，并且介绍了这十六种人格类型的人格特点，以及不同人格类型的人所适合从事的职业。

表 2-3　MBTI 职业性格测试维度及指标

动机	E	外向型	偏向专注于外在的人和事，倾向于将能量往外释放
	I	内向型	专注于自己的思想、想法及印象，倾向于将能量流往内
信息收集	S	实感型	着眼于当前事物，惯于先使用五官来感受世界
	N	知觉型	着眼未来及可能性，从潜意识及事物间的关联来理解世界
决策方式	T	思考型	偏好用"是—非"及"如果……就"的逻辑来做分析结果及影响，或者做决定
	F	情感型	使用价值观及自我中心的主观评价来做决定
生活方式	J	判断型	倾向于井然有序及有组织的生活，而且喜欢安顿一切事物
	P	认知型	倾向于自然发生及弹性的生活，对任何意见都抱开放态度

每个人的性格都落足于四种维度中每一种维度中点的这一边或那一边，我们把每种维度的两端称为"偏好"。例如，如果你落在外向的那一边，那么就可以说你具有外向的偏好；如果你落在内向的那一边，那么就可以说你具有内向的偏好。四个维度，两两组合，共有十六种类型，以各个维度的字母表示类型，分别为 ESFP、ESTP、ESFJ、ESTJ；ISFP、ISTP、ISFJ、ISTJ；ENFJ、ENFP、ENTP、ENTJ；INFJ、INFP、INTP、INTJ。

四个维度在每个人身上会有不同的比重，不同的比重会导致不同的表现，关键在于各个维度上的人均指数和相对指数的大小。MBTI 在解决生涯问题中应用十分广泛，尤其是在组织机构的任务监管和团队建设中被高频应用。尽管该人格测试的信度和效度不够高，但里面的一些概念、视角仍然为人们更多地了解自己的人格，思考自己喜欢的生活方式和职业选择，提供了一个有趣的参考框架。

同学们可寻找相关网站进行 MBTI 职业性格测试。

▶▶ 🎙 思考题 ···

1.大学生在择业过程中，应做好哪些心理方面的准备？

2.大学生就业心理问题有哪些？

3.如何解决常见的大学生就业心理问题？

第三章

就业能力的培养和提升

学习目标

1. 熟知职业所需的就业能力。
2. 掌握培养和提升就业能力的方法途径。
3. 引导高职学生有针对性地培养个人的就业能力，提高就业竞争力。

学习重点

常见就业能力构成以及培养和提升就业能力的方法途径。

学习难点

有针对性地培养个人就业能力，提高就业竞争力。

第一节　就业能力概述

近年来，我国大学毕业生人数逐年增多，大学生就业形势越来越严峻，就业格局变得非常复杂，受到劳动力市场变迁的影响，就业面临着新的挑战，大学生就业难已成为社会普遍关注的问题。优胜劣汰是市场竞争体制下的规律，大学生要想在就业竞争中占据优势，就必须不断提高自身能力和素质。随着我国职业教育体系的完善，社会上已经逐步树立重视技能型人才的新观念，高职毕业生的就业竞争也日益激烈，高职生应不断提升自身的职业技能和适应能力，以更好地应对就业市场的需求。为了在专业领域有所成就，高职生还需要遵从市场需要，成长为高层次、高水平、高素质的复合型技术技能人才。

一、就业能力的内涵

就业能力的概念最早由英国经济学家贝弗里奇 (Beveridge) 于 1909 年提出，他认为就业能力是个体获得和保持工作的能力。它既包括狭义上理解的找到工作的能力，还包括持续完成工作、实现良好职业生涯发展的各项能力。就业能力是指人们从事某种职业的多种能力的综合，是获得及持续完成工作的能力，是在劳动市场中通过持续就业来实现良好职业生涯发展的能力。

一个人要想顺利地找到工作，并在工作中做出一番成绩，就必须具备一定的就业能力。如果说职业兴趣、爱好能够促使一个人选择相应的职业方向，那么就业能力则是这个人在既定的职业里胜任工作以及长期发展并取得成功的关键。

高职学生就业能力是职业教育人才培养与人力资源市场需求两个方面是否匹配的重要指标之一。国内学者普遍认为，大学生的就业能力不再是单纯指某一项技能、能力，而是学生多种能力的综合，是通过学习、实践等环节进行综合素质的开发而获得的能够实现个人就业理想、满足社会需求、实现自身价值的本领。就业能力不仅能体现大学生的综合素质与能力，还是影响学生能否顺利高质量就业的决定性因素。所以提高大学生的就业能力是高职院校深化改革，提升职业教育人才培养质量与就业质量的重要组成部分。

二、就业能力的构成要素

面对市场对人才的比较和挑选，缺乏工作经验的学生需要掌握市场所需的就业能力。一项广东省某部门的调查显示，在用人单位希望员工具备的就业能力分析中，"良好的工作态度""专业知识与技术""表达与沟通能力""稳定性及抗压性""学习意愿及可塑性"排在前五名 (如表 3-1 所示)。

表 3-1　就业能力排序

就业能力	占比 /%	排序
良好的工作态度	65.6	1
专业知识与技术	51.2	2
表达与沟通能力	48.5	3
稳定性及抗压性	46.5	4
学习意愿及可塑性	45.2	5
基础电脑应用技能	32.5	6
团队合作能力	28.7	7
发掘及解决问题能力	27.4	8
遵循专业伦理道德	15.1	9
拥有专业证书	14.3	10
外语能力	14.0	11
能将理论运用于实务	13.0	12

续表

就业能力	占比 /%	排序
创新能力	9.5	13
领导能力	8.0	14
了解产业环境及发展	7.2	15
求职与自我推销能力	6.1	16
对职业生涯发展充分了解及规划	5.7	17

另外，还有一项人才市场调研显示：有 54.5% 的单位将求职者是否具有良好的职业道德、职业意识、职业作风、职业行为作为其招聘的首要条件；紧随其后的招聘条件是专业技能，有 41% 的企业认为求职者所拥有的专业技能是促使其被录用的主要原因之一。专业技能之后的选择顺序分别是：自身潜能占 34.3%；个性品质占 28.4%；而选择"工作经历比较重要"的企业仅占 27.6%。

就业能力本身是一个抽象的复合性概念，可分解细化成多个构成要素，国内外学者从不同角度对就业能力的构成要素进行了深入的分析和描述。在知识经济时代，很多企业将胜任力模型引入人力资源管理实践中，企业通过胜任力培训提升员工的初就业、持续就业或再就业能力。国内外基于胜任力模型对就业能力结构维度及构成要素进行的研究如表 3-2 所示。

表 3-2 基于胜任力模型的就业能力结构维度及构成要素

研究序列	就业能力结构维度及构成要素
研究一	就业能力主要由三个维度组成：第一维度为个人适应性，包括积极的自我概念（高水平的职业自尊和内控）、高职业风险容忍（低职业风险规避和高不确定性容忍）及高学习动机（个人控制和学习愿望）；第二维度为个体与市场的交互，指的是个体如何呈现就业能力，实现与环境的有效交互作用，包括主动的职业导向、求职自我效能和人力资本（教育、相关经验及职业成功经历）；第三维度为职业身份，指的是职业身份的风格、身份描述与身份自我
研究二	通过大规模的调查研究，归纳出大学生顺利就业并取得职业成功的五个要素：① 就业动机及良好的个人素质（包括坚韧不拔的毅力、严谨的工作作风、充沛的体力和精力、自我管理的自主性、灵活的应变能力等）；② 出色的人际关系技巧（即交际能力、适应能力、与人合作能力等）；③ 掌握丰富的科学知识（即具有广博的、综合的、跨学科的知识组合及多元文化的教育背景）；④ 有效的工作方法（具有分析问题和解决问题的能力、策划运筹能力、自我管理能力）；⑤ 敏锐、广阔的视野（即具备创业者及企业家精神，能站在全球角度以多向思维甚至是批判性思维方式分析和处理问题，能在世界各地寻求发展，开拓事业）
研究三	基于用人单位取向分析就业能力构成要素，认为就业能力包括 3 个维度多项构成要素。第一个维度是基本技能，包括沟通、管理信息、运用数学、思考和解决问题；第二个维度是个人管理技能，包括展示积极的态度和行为、承担责任、适应性强、持续学习和安全工作；第三个维度是团队技能，包括与他人合作、参加项目、执行任务等

续表

研究序列	就业能力结构维度及构成要素
研究四	经过大量案例研究，在 MKC 模型的基础上，提出 ESF 模型，就业能力包括两大类：关键能力和个人属性。其中关键能力包括 8 种技能：沟通能力、团队工作能力、解决问题能力、主动性和事业心、计划组织能力、自我管理能力、学习能力及技术能力。个人属性包括忠诚、承担责任、正直诚实、有热情、可靠性、个人陈述能力、常识、自尊、幽默感、对工作和家庭生活的平衡态度、处理压力的能力、动力及适应性
研究五	大学生就业能力由 3 部分构成：基础技能，包括沟通能力、信息管理能力、数理运算能力、思考和解决问题能力等；个体管理技能，包括显示积极态度和行为的能力，表现在负责任、适应变化、不断学习、安全工作等方面；团队工作技能，包括和别人一起工作、积极参与项目小组等方面的能力
研究六	就业能力分为内在素质、处理工作能力和社交领导能力 3 个维度 20 项指标。其中，内在素质包括诚实正直、吃苦耐劳、敬业精神、责任感、主动性和上进心 6 个要素；处理工作能力包括判断能力、善于思考、解决问题能力、独立工作能力、适应能力、应变能力、学习能力和团队协作 8 个要素；社交领导能力包括表达能力、领导能力、社会活动能力、组织协调能力、人际交往能力和创业精神 6 个要素
研究七	就业能力是通过胜任力不断实现、获得或创造工作，是一种基于雇员个人操作化的概念，包括五个维度：职业专门知识、期望和最优化、个人的灵活性（适应性）、商业意识及平衡力
研究八	从专业技能、沟通技能、个人属性、人际技能和团队技能五个方面对大学生就业能力进行测量研究，之后，将团队技能换作学习能力，将学习能力看作重要维度

三、培养和提升就业能力的重要意义

高职学生的就业问题是学生、学校、家长及社会最关心的问题之一，也是学生和家长最初选择学校的重要参考依据，还是衡量一个学校办学质量、办学效益和办学水平的评价参考。培养和提升就业能力对于个人和社会都具有极其重要的意义，在激烈的就业市场中，具备强大的就业能力可以使我们脱颖而出，增加就业机会，进而获取更好的职位和薪资待遇；具备良好的就业能力意味着我们能够更好地适应工作环境的变化，降低失业风险，保持工作的稳定性。高职学生应通过多种渠道不断提升自己的就业能力，以适应不断变化的劳动市场需求，从而促进社会经济发展和个人价值的实现。

（一）有利于国家经济建设和社会发展

高职教育为国家的经济建设和社会发展作出了重要贡献，当今社会在飞速发展，对高素质职业人才的需求量也在不断增大。高职院校的学生受过良好的高等教育，不仅掌握专业的理论知识，还练有过硬的技术技能本领，是我国职业人才的主要来源，对我国经济建设和社会发展起着重要作用。一般来说，就业能力强的劳动力能更有效地促进生产力的提升和经济的增长，对国家经济的发展起着重要的推动作用。所以，高职院校毕业生就业能力的高低关系到企业人力资源成本和效益，如果他们具有较高的就业能力，就能够在就业过程中找到适合自己的工作并能在工作中持续发力做出一番事业，促进企业、行业的发展，势必会对国家经济建设和社会发展起到重要的推动作用。

（二）有利于稳定家庭，促进社会和谐

就业能力的提升通常伴随着收入的增加，有利于提高就业者的生活水平和生活质量。高职院校中有一定比例的学生来自经济欠发达地区，他们承载着父母和家庭的希望，如果他们具有较高的就业能力，就可以找到一份满意的工作，获得较高的收入，这对于那些家庭经济水平并不高的学生来说是非常重要的，可以帮助家庭缓解经济压力、逐步过上幸福生活。所以提高学生的就业能力能直接影响到他们的工作质量和收入水平，并有利于家庭的稳定发展。较高的就业能力可以降低失业率，减少因失业带来的社会问题，如贫困、犯罪等，有利于社会和谐稳定。

（三）有利于高职院校的持续发展

对学校来说，就业能力是学校办学质量、办学水平、办学效益的直接体现，不仅影响学生的个人发展，还关系到高职院校的声誉和竞争力。高职院校在培养学生就业能力的过程中，往往需要和企业紧密合作，有助于深化校企合作，促使教学设施和课程内容更接近现实；结合就业市场的反馈情况，高职院校可以调整和优化专业设置，开设更加符合市场需求的专业，从而提升学生的就业竞争力。学校培养的具有高就业能力的学生到了就业市场上能够很快适应就业环境，并且获得就业市场的认可，形成良性循环，这对学校的专业设置、招生规模及持续发展有很重要的意义。

（四）有利于学生实现人生理想和自我价值

对于学生本人而言，只有通过不断地提高自己的就业能力，才能使自己在激烈的就业市场中脱颖而出，实现充分就业。对于刚踏入社会的毕业生来讲，是否能找到一个适合自己的工作平台，对自己的职业发展、未来的发展起着至关重要的作用。就业能力不仅关乎是否能找到工作，还涉及在工作中的表现和职位晋升。强大的就业能力有助于我们实现职业生涯规划和持续的职业发展，将直接影响我们今后的发展情况以及人生理想和自我价值的实现。

第二节　职业素养

一、职业素养的内涵

在当今社会，用人单位已经把职业素养作为人才评价的重要指标，可以说职业素养已

经成为贯穿个人职业生涯的灵魂，所以同学们应该注重提高自己的职业素养，才能提升就业能力，更好地适应社会发展的需要。

职业素养也叫"职商"(Career Quotient，CQ)，是指所从事职业对一个人内在素质的要求，不同的内在素质所适应的岗位不同。一般来说，职业素养包括职业技能、职业道德、职业意识、职业作风、职业行为等内容。是人类在社会活动中需要遵守的行为规范，是一个人职业生涯成败的关键因素。

个体行为的总和构成了自身的职业素养，职业素养是内涵，个体行为是外在表象。职业素养是一个比较宽泛的概念，专业是第一位的，但是除了专业之外，敬业和道德也是必备的，体现到职场上就是职业素养。近年来，用人单位越来越注重员工的职业素养，特别是真诚与忠诚度、责任心、服从意识、合作能力、目标设定及主动工作理念等已成为用人单位衡量应聘人员的重要标准。人才市场招聘调查中显示，在职业技能方面，个体一般可以通过三年左右的时间掌握入门技术，进而在实践运用中潜心钻研可成长为专家；但是如果一个人的职业素养缺乏，比如说忠诚度不够、责任心不足，则他的技能越高，隐含的危险也会越大。

有些人将职业素养比喻成"冰山"，"冰山"浮在水面以上的部分只有整个"冰山"体积的 1/10，这部分代表一个人的职业技能和职业行为等，是人们能够看见的显性职业素养，可通过学历证书或经过专业考试获得的职业证书来证明。而隐藏在水里的那 9/10 的"冰山"则代表一个人的职业道德、职业意识和职业作风等，这部分是人们看不见的隐性职业素养。一个人需要具备的全部职业素养是由显性职业素养和隐性职业素养组成的，显性职业素养是隐性职业素养的外在表现，隐性职业素养则是决定、支撑显性职业素养的内在力量。在培养职业素养的过程中，我们要着眼于整体，以培养显性职业素养为基础，以培养隐性职业素养为重点，全面养成良好的职业素养。

二、职业素养的构成

近年来，我们大力提倡的劳动精神、劳模精神、工匠精神都是职业素养的具体体现。本书从职业技能、职业道德、职业意识、职业作风、职业行为等方面对职业素养进行了划分。

（一）职业技能

职业技能是指人们从事某一职业所应掌握、运用的专业技术理论知识和专门技术的实际操作能力。根据我国的具体情况，一个人职业技能水平的高低可以通过政府授权的考核鉴定机构按照国家规定的职业标准，进行客观公正、科学规范的职业技能鉴定来评价。比如 1＋X 证书制度就是以考促学、以考促练，鼓励高职院校的学生在获得学历证书的同时，积极取得相应职业技能等级证书，提高职业技能水平，拓宽就业创业路径。

（二）职业道德

职业道德是指人们在职业生活中应遵循的基本道德，是职业品德、职业纪律、专业胜任能力及职业责任等的总称。我国《公民道德建设实施纲要》提出了职业道德的主要内容：爱岗敬业、诚实守信、办事公道、服务群众、奉献社会。职业道德是道德在职业实践活动中的具体体现。人们不论从事哪种职业，在从业过程中都要遵守职业道德。比如教师要有良好的师德师风，能够教书育人、为人师表，医生要遵守时刻为病人着想，千方百计为病人解除病痛等职业道德。

（三）职业意识

职业意识是作为职业人所具有的意识，以前叫作主人翁精神，是指人们对职业活动的认识、评价、情感和态度等心理成分的综合反映，以及对职业所持的主要观点，是支配和调控全部职业行为和职业活动的调节器，它包括创新意识、竞争意识、协作意识、自律意识和奉献意识等。职业意识既影响个人的就业和择业方向，又影响整个社会的就业状况。不管一个人从事哪种职业，都应具有强烈的职业意识，这是最基本的，也是必须要牢记和自我约束的。

（四）职业作风

从总体上来看，职业作风是一种习惯势力，它是指从业者在其职业实践和职业生活中所表现的一贯态度，也是职业道德在从业者职业行为中的习惯性表现。职业作风是敬业精神的外在表现，其内涵即是专注和精益求精。敬业精神的好坏决定了职业作风的优劣，而职业作风的优劣又直接影响一个单位的信誉、形象和效益。从某种意义上讲，职业作风关系到一个单位的兴衰成败，优化职业作风就是要纠正行业的不正之风，用职业道德规范职业行为。

（五）职业行为

职业行为是指人们对职业活动的认识、评价、情感和态度等心理过程的行为反映，是职业目的达成的基础。人类的职业行为不是孤立发生的，而是在多种社会关系中进行的。从社会学的角度可将职业行为划分为两大类：社会行为和个人行为。

(1) 社会行为是他律的结果，具体包括由国家、工作单位的领导层决定的市场经济行为，是职工在工作岗位上遵从国家法律法规、单位规章制度和现实社会的伦理道德时所表现出来的社会规范行为，一般是受外界的约束。

(2) 个人行为是自律的结果，是自我约束、自我表现的结果，比如在工作中表现出来的敬业、勤奋、踏实、进取、合作等精神，以及个人的喜怒哀乐、兴趣爱好、言行举止、穿衣打扮等。

三、职业素养的培养和提升途径

职业素养包含不同的内容，培养途径也不尽相同。例如，职业道德、职业意识主要靠理论注入教育；职业作风、职业行为、职业技能主要依赖于实践训练。理论注入教育与实践训练并不是完全分离单独存在的，而是互相融入的。高等职业教育具有开放性的特点，这也就决定了我们可以通过学校、企业、社会等多种渠道培养和提升学生的职业素养。

（一）树立正确的职业理念

树立正确的职业理念对于个人的职业成长和满意度至关重要。职业理念是指导人们从事职业活动的核心价值观，它指导人们"干什么""为什么干"和"怎么干"。职业理念决定着职业态度，指导着职业行为。高职学生可以从树立正确的职业价值观、树立职业自律意识、培养职业责任心、培养集体意识等方面来树立正确的职业理念。具体要做到：认识到学习是持续的过程，通过不断地更新和提升自己的知识与技能来适应不断变化的工作环境；坚持高标准的职业道德，包括诚信、责任感和尊重他人；在快速变化的工作环境中，适应性是一项重要的能力，学会提高自身适应能力；愿意与他人合作，建立有效的沟通和协作关系，共同实现团队目标；学会从经验中学习，无论是成功的经验还是失败的经验；努力实现工作与个人生活之间的平衡，确保身心健康。做到"干一行、爱一行、钻一行"，坚信劳动最光荣，劳动最美丽，尊重劳动，热爱劳动，将个人职业理想融入到国家建设和社会发展中。通过树立正确的职业理念，更加自信地遨游于职业生涯，实现个人价值。另外还需要注意的是，职业发展本身是一个动态的过程，我们要不断调整和改进自己的职业理念。

（二）了解所从事职业的特点

不同的职业具有不同的特点，这就使得在不同职业中所要扮演的角色、承担的职责、工作方法等也不同。例如医生要负责为患者提供耐心细致的咨询服务并进行全面的医疗检查，根据临床检查的结果，为患者做出初步诊断并负责制定相关治疗方案等；护士要严格执行各项护理制度和技术操作规程，正确执行医嘱，准确及时地完成各项护理工作，做好查对及交接班工作，防止差错事故的发生等；教师要坚守工作岗位，做好本职工作，自觉遵守学校规章制度，发扬无私奉献精神，坚持教书育人，注重言传身教等。我们要了解所从事职业的特点，能够自觉地使自己的兴趣、爱好、特长在最大限度内与职业特点的要求趋于一致，有意识地提高自己对应的职业素养。

（三）养成良好的职业习惯

养成良好的职业习惯对于个人的职业发展和成功至关重要，习惯通常是一种重复的、无意识的日常行为规律，它往往通过对某种行为的不断重复而获得。在职业活动中，职业习惯决定职业行为。养成良好的职业习惯并不是让大家形成独立于其他日常生活习惯之外的全新习惯，我们在日常生活工作中，在学习各项基础知识和专业技能时，要不断对照职业规范修正和强化自己良好的职业习惯。如通过使用日历和提醒工具来帮助自己记住重要的日期和截止时间；使用待办事项列表或项目管理软件来跟踪任务进度；练习倾听技巧，确保理解对方的观点和需求；设定工作和个人界限，确保在工作时间内高效完成任务；定期评估计划完成进度，并根据需要调整计划等。逐渐养成良好的职业习惯，这些习惯将有助于我们在职业生涯中取得成功。

（四）多参加实习实训等实践活动

多数高职院校通过"校企合作"的办学机制和"工学结合"的人才培养模式，将良好职业素养的养成贯穿到"教学做一体"的课程之中。学校为我们创造了这么多学习实践的机会，我们要积极参与进来。参加实习实训等实践活动，可以开阔视野，将理论知识应用到实践中，使自身好的职业素养得以强化，不好的方面得以及时修正，全面提升个人的职业素养。

例如为培养护理专业学生的职业精神、职业道德和职业荣誉感，学校可以依托"5·12"国际护士节，以南丁格尔为榜样，以培养高素质护理专业人才为目标组织开展一系列内容新颖、形式多样的护士文化节教育活动。比如举办国际护士节庆祝大会、优秀毕业生学习分享会、行业专家职业素质教育主题讲座、公益科普宣教活动、护理专业知识竞赛、护理职业技能大赛等。这些教育活动既激发了护理专业学生对护理事业的热爱，又继承与发扬了南丁格尔精神，展示了护士风采，使学生增强职业认同感和责任心，更愿意献身护理事业。

第三节 专业技能

一、专业技能的内涵

专业技能是指在一定领域或职业中所具备的实践能力和知识水平。高职教育建立了以能力培养为本位的专业课程体系，实现工学结合、知行合一，给学生提供了体验完整工作过程的学习机会，培育学生的工匠精神。设置的课程门类、结构与内容的开发突出工作过程在课程结构中的逻辑主线地位，以职业岗位上完整的工作程序为逻辑顺序，根据工作过程的需要选择技术实践知识，设计实践性问题，并从中引申出理论知识，将理论知识与实践知识有机整合。让学生在学习理论知识的同时，通过体验完整工作过程来关注专业技能与工作任务的完成。对于不同的领域或职业，专业技能的内涵和外延也不尽相同。比如，对于医生来说，掌握相关的基础医学、解剖学、影像学、病理学、药理学、临床诊断以及手术技巧等方面的知识和技能可以视为专业技能。而对护士来说，掌握无菌技术、生命体征监测技术、导尿技术、氧气吸入技术、换药技术等方面的知识和技能可视为专业技能。

二、专业技能的表现形式

专业技能的具体内容取决于个人的职业领域和工作性质，其表现形式体现在两个方面：一是科学技术的发展加快了职业的更新换代，促使新职业不断产生，旧职业不断衰退，因此，必须掌握专业前沿的相关知识；二是在生产、管理、服务等领域的一线工作实践中，能够将所掌握的理论知识用于指导工作实践，具有利用所学知识解决实际问题的精湛技能，创造性地开展工作。专业技能可以通过教育、培训、工作经验以及个人发展等多种途径获得和提升。在职场上，一般需要综合运用专业技能，以高效完成工作任务并实现职业发展。

三、专业技能的培养和提升途径

专业技能不是短时间内能掌握的，专业技能的培养和提升是一个持续的过程，它要求个人对自己的职业发展有清晰的规划，并在大量的学习和实践中逐步形成和提升专业技能，同时采取一系列策略不断提高自己的能力。具体可以通过认真学习专业理论知识、积极参加专业社团、用好用实实训基地、积极参加学科竞赛等逐步提升自己的专业技能，适应不断变化的工作环境和市场需求，从而在职业生涯中取得成功。

（一）认真学习专业理论知识

认真学习专业理论知识是个人发展和职业成长的基础。无论是在学术领域还是在实际工作中，扎实的理论基础都是不可或缺的。专业理论知识是学好专业的基础，在校期间的专业课就是专业技能的主要组成部分。专业课的任务是使学生掌握必要的专业基本理论知识和操作技能，了解本专业的前沿科学技术和发展趋势，扎实认真地学好所学专业中的核心课程，是学生未来在某一专业领域取得成就的第一步。学生在校内只能学到一定的专业基础知识，更加专业的知识要在实际工作岗位上继续学习，所以专业课的设置和主要课程内容在一定时期内是相对稳定的。专业课的学习和成绩是就业面试的核心内容，尤其是在应届毕业生的求职过程中，用人单位一般会让他们提供在校期间的成绩单。

学习专业理论知识的具体方法有：制订实际可行的学习计划；使用高质量的教材、参考书籍、学术论文、在线课程和其他教育资源；主动学习，积极思考和批判性分析所学的内容；定期回顾和复习所学的知识，以巩固记忆并保持知识的新鲜度；加入学习小组或论坛，运用扩展视角和深化理解等方法系统、深入地学习专业理论知识，为未来的职业发展打下坚实的基础。

（二）积极参加专业社团

积极参加专业社团是学生拓展专业知识、提升实践技能、建立人脉网络和发展兴趣爱好的重要途径。大学的学习是多方位的，课堂学习仅仅是学生学习生活的一部分，课堂外的学习往往让学生受益匪浅。高职院校里一般都有专业社团，专业社团是由学生根据自己的专业及兴趣爱好自愿组织形成的群众团体，是具有专业性特质的学生职业素养养成的有效载体。专业社团围绕高职教育培养高素质技术技能人才的目标，开展专业讲座、技能竞赛、经验交流、职业参观学习、岗位见习等活动，高职学生应该多参加专业社团活动，拓宽自己的专业视野，不断提高专业技能。

通过参加专业社团提升专业技能的具体实施途径如下：可以根据自己的兴趣和职业规划，选择与之相匹配的专业社团并积极参与活动；如果有机会，可以竞选担任社团职务；利用社团活动的机会，建立人脉关系。在社团活动中保持积极和开放的态度，愿意接受新的想法和挑战等来充实专业社团经历，这样不仅可以提升自己的专业技能，还可以培养团队协作精神、提高人际交往能力，并在未来的职业生涯中建立起宝贵的人脉资源。

（三）用好用实实训基地

用好用实实训基地对于提升学生的实践能力和职业技能至关重要。随着职业教育的大力发展，高职院校的实训基地以及实训设备越来越完善，也越来越贴近实际岗位需求，有些高职院校甚至通过"校企合作"办学模式将行业生产场所作为实训基地，这为培养出满足行业需求的高技术技能人才提供了强有力的保障。高职学生一定要充分利用好这部分资源，在实训基地里真实操练、反复练习，在学习理论知识的同时，通过实际操作来加深理解，牢固掌握相应专业技能，加强理论与实践的结合，提升自己的职业技能和就业竞争力。

（四）积极参加学科竞赛

积极参加学科竞赛是提升个人能力、扩展知识领域和增强竞争力的有效途径。学生可以根据自己的专业参加相应的学科竞赛，这不仅能使学生深化对所学知识的理解，将专业知识转化为专业技能，提升操作水平，还可以使学生提高解决问题的能力，增强团队协作精神、创新精神等，为未来的学术和职业发展积累宝贵的经验。

第四节　可持续发展能力

一、可持续发展能力的内涵

可持续发展能力是指一个人能够不断提高自身素质，正确面对日趋激烈的生存竞争，在生活、学习、工作、事业上不断有新的进取，完善自己作为社会成员的角色功能。个人可持续发展能力受内部因素（个人因素）与外部因素（外部条件）两种因素的制约。

二、可持续发展能力的构成

可持续发展能力主要包括：制定目标谋划人生的能力，学习与自我提高能力，加强自身修养、改正错误的能力，动手实践能力，保持身体健康的能力，创新能力。

（一）制定目标谋划人生的能力

人生要有目标，一天的目标，一个星期的目标，一个月的目标，三年的目标，一个阶段的目标，等等。目标就像灯塔一样指引着我们前进，失去目标就是失去方向，失去方向的人最终也不会到达成功的彼岸。我们必须确定自己朝着哪个方向走才可以接近成功，所以我们要制定目标，不断完善自己的能力，确保自己有能力坚持梦想，并按照制定好的目标前进，最终实现人生理想。正确树立并实现自己的人生目标也是一种能力的体现。

（二）学习与自我提高能力

学习与自我提高能力指善于发现并记录，能够坚持不懈地学习，并在学习和工作中经常进行自我归纳和总结，找出自己的优势和劣势，扬长避短，不断进行自我改进和提升的能力。人的自制力在一定程度上取决于他们的思想素质，提高自制力最根本的方法是树立正确的世界观、人生观、价值观。学习与自我提高能力的提升是一个缓慢的过程，提高此能力要从提高内化和应用知识的能力、分析和整理信息的能力、总结和反思经验的能力等方面入手，学会建立自己的知识体系，不断提高学习能力。

（三）加强自身修养、改正错误的能力

加强自身修养并改正错误的能力是个人成长和职业发展中的关键因素，有修养的人，往往受人欢迎；没修养的人，容易让人讨厌。提升这一能力的具体方法有：通过定期进行自我反思，认识自己的强项与弱点以及需要改进的地方；保持开放心态，接受他人的反馈，并及时改正；为自己设定可行性目标；不断学习新的知识和技能；建立积极的日常习惯，提高自我控制力和决策能力；有责任感，如犯错时勇于承认并采取措施纠正；不要害怕寻求帮助，善于求助他人；将新学到的知识和技能付诸实践，用实践检验知识，在这个过程里要有耐心，要坚持不懈；做好情绪管理，不让负面情绪影响决策和行为；定期评估自己的工作方法和进程，并根据需要适当调整目标和方法；善于发现自身的问题并能够及时改正，在个人的职业发展中取得持续性进步。

（四）动手实践能力

实践是人的知识与技能转化为生产力的途径，通常涉及到应用理论知识解决实际问题，并能够通过实际操作来完成任务。动手实践能力不仅包括解决专业问题的能力，还包括解决相邻相关非专业问题的能力，能够举一反三，推广使用。具有较强动手实践能力可以促进个体在职业活动中持续发展。我们可以通过牢固掌握专业基础知识，反复进行模拟练习，善于从老师、同学那里获取反馈，掌握改进方法，对新事物保持好奇心，不断探索和尝试等途径提高动手实践能力。

（五）保持身体健康的能力

拥有健康的身体是胜任职业活动的基础。关于健康的管理，可以参考以下几个原则：

(1) 保证规律的作息和充足的睡眠，早睡早起，不熬夜。

(2) 三餐要定时定量，营养要均衡，不暴饮暴食，不挑食厌食。

(3) 制订合理的运动计划，并能够坚持完成。

(4) 多喝水，少喝酒，少抽烟，少吃零食及其他过度加工的食品和饮料。

(5) 保持乐观开朗，积极面对生活。

(6) 定期进行体检，遇到身体不适要及时就医。

（六）创新能力

创新是一个民族进步的灵魂，是推动知识经济发展的核心动力，它既可以是一种新概念、新想法、新创意、新理论，也可以是一项新技术、新产品、新工艺等。在学习、生活、工作中要多观察、勤观察，善于发现问题并寻找解决问题的办法，这本身就是一种创新意识。努力培养自身创新意识和创新能力是高职学生的必修课，也是一个人能在事业上取得成就的重要影响因素。

拓展阅读

威廉斯创造力倾向测量表

威廉斯创造力倾向测量表通过测验一个人的一些性格特点，包括冒险性、好奇性、想象力和挑战性等，来测量一个人的创造力倾向。它可以用来发现那些有创造力的个体。高创造力的个体在进行创造性工作时更容易成功，低创造力的个体则循规蹈矩，更适合进行常规性的工作。趋于冒险、好奇心强、想象力丰富、勇于挑战未知的人就是创造力倾向强的人。

测试题目：

这是一份帮助你了解自己创造力的练习。请你根据每个句子对你的适合程度进行选择，每个句子有 3 种选择："完全符合"(A)、"部分符合"(B)、"完全不符合"(C)。

注意：① 所有题都要做，不要花太多的时间去想。② 有的题目没有所谓的"正确答案"，凭你读每一句后的第一印象作答。③ 虽然没有时间限制，但应尽可能地争取以较快的速度完成，越快越好。④ 切记，凭你自己真实的感觉作答，将最符合的选项选出。

(1) 在学校里，我喜欢试着对事情或问题作猜测，即使不一定都猜对也无所谓。　　（　　）

(2) 我喜欢仔细观察我没有看过的东西，以了解详细的情形。　　（　　）

(3) 我喜欢听变化多端和富有想象力的故事。　　（　　）

(4) 画图时我喜欢临摹别人的作品。　　（　　）

(5) 我喜欢利用旧报纸、旧日历以及旧罐头等废物来做成各种好玩的东西。　　（　　）

(6) 我喜欢幻想一些我想知道或想做的事。　　（　　）

(7) 如果事情不能一次完成，我会继续完成尝试，直到成功为止。　　（　　）

(8) 做功课时我喜欢参考各种不同的资料，以便得到多方面的了解。　　（　　）

(9) 我喜欢用相同的方法做事情，不喜欢去找其他的新方法。　　（　　）

(10) 我喜欢探究事情的真假。　　（　　）

(11) 我喜欢做许多新鲜的事。 （　　）

(12) 我不喜欢交新朋友。 （　　）

(13) 我喜欢一些不会在我身上发生的事情。 （　　）

(14) 我喜欢想象有一天能成为艺术家、音乐家或诗人。 （　　）

(15) 我会因为一些令人兴奋的念头而忘记了其他的事。 （　　）

(16) 我宁愿生活在太空站，也不喜欢在地球上。 （　　）

(17) 我认为所有的问题都有固定的答案。 （　　）

(18) 我喜欢与众不同的事情。 （　　）

(19) 我常想知道别人正在做什么。 （　　）

(20) 我喜欢故事或电视节目所描写的事。 （　　）

(21) 我喜欢和朋友在一起，和他们分享我的想法。 （　　）

(22) 如果一本故事书的最后一页被撕掉了，我就自己编一个故事把结局补上去。（　　）

(23) 我长大后想做一些别人长大后从来没想过的事情。 （　　）

(24) 尝试新的游戏和活动是一件有趣的事。 （　　）

(25) 我不喜欢太多的规则限制。 （　　）

(26) 我喜欢解决问题，即使没有正确的答案也没关系。 （　　）

(27) 有许多事情我都很想亲自去尝试。 （　　）

(28) 我喜欢没有人知道的新歌。 （　　）

(29) 我不喜欢在班上同学面前发表意见。 （　　）

(30) 当我读小说或看电视时，我喜欢把自己想象成故事里的人物。 （　　）

(31) 我喜欢幻想200年前人类生活的情形。 （　　）

(32) 我常想自己编一首新歌。 （　　）

(33) 我喜欢翻箱倒柜，看看有些什么东西在里面。 （　　）

(34) 画图时，我很喜欢改变各种东西的颜色和形状。 （　　）

(35) 我不敢确定我对事情的看法都是对的。 （　　）

(36) 对于一件事情先猜猜看，再看是不是猜对了，这种方法很有趣。 （　　）

(37) 玩猜谜之类的游戏很有趣，因为我想要知道结果如何。 （　　）

(38) 我对机器有兴趣，也很想知道它里面是什么样子，以及它是怎样转动的。 （　　）

(39) 我喜欢可以拆开的玩具。 （　　）

(40) 我喜欢想一些新点子，即使用不着也无所谓。 （　　）

(41) 一篇好的文章应该包含许多不同的意见和观点。 （　　）

(42) 为将来可能发生的问题找答案是一件令人兴奋的事。 （　　）

(43) 我喜欢尝试新的事情，目的只是想知道会有什么结果。 （　　）

(44) 玩游戏时，我通常是有兴趣参加而不在乎输赢。 （　　）

(45) 我喜欢想一些别人常常谈过的事情。 （　　）

(46) 当我看到一张陌生人的照片时，我喜欢去猜测他是怎样一个人。　　（　　）

(47) 我喜欢翻阅书籍及杂志，但只是想知道它的内容是什么。　　（　　）

(48) 我不喜欢探询事情发生的各种原因。　　（　　）

(49) 我喜欢问一些别人没有想到的问题。　　（　　）

(50) 无论在家里或在学校，我总是喜欢做许多有趣的事。　　（　　）

评分方法：

　　威廉斯创造力倾向测验共有 50 题，包括冒险性、好奇性、想象力、挑战性 4 项；测试后可得 4 种分数，加上总分可得 5 项分数。

　　冒险性：包括 (1)(5)(21)(24)(25)(28)(29)(35)(36)(43)(44) 这 11 道题。其中 (29)(35) 题为反向题目。记分方法分别为：正向题目，A 记 3 分、B 记 2 分、C 记 1 分；反向题目，A 记 1 分、B 记 2 分、C 记 3 分。

　　好奇性：包括 (2)(8)(11)(12)(19)(27)(33)(34)(37)(38)(39)(47)(48)(49) 这 14 道题。其中 (12)(48) 题为反向题目。记分方法同冒险性部分。

　　想象力：包括 (6)(13)(14)(16)(20)(22)(23)(30)(31)(32)(40)(45)(46) 这 13 道题。其中 (45) 题为反向题目。记分方法同前。

　　挑战性：包括 (3)(4)(7)(9)(10)(15)(17)(18)(26)(41)(42)(50) 这 12 道题。其中 (4)(9)(17) 题为反向题目。记分方法同前。

三、可持续发展能力的培养和提升途径

　　随着科学技术的迅猛发展，经济全球化、社会信息化、职业分工更加精细化的趋势不可逆转，职业的种类将大幅增加，职业活动的内容不断更新，职业将朝着高科技化、智能化、专业化方向发展，职业的流动性也在不断增强。用人单位在寻找能够胜任工作岗位的人时，非常重视一个人的可持续发展能力。我们无法改变外部的就业环境，一个人将不再是终身服务于一个部门，也不再是只限于寻找别人提供的就业岗位，还可以考虑自己创业。这就要求学生在学习、工作中有意识地培养和提升自身的可持续发展能力。培养和提升可持续发展能力的途径有以下四条：

　　(1) 合理制定学习目标。遵循学习目标明确、目标高度合适、短期目标与长期目标相结合的原则，从实现最近的学习目标开始，逐步升级，潜移默化地学会学习。高职学生应将专业资格认证考试以及通识技能考试（英语等级考试、计算机等级考试）作为学习目标的一部分，有选择地参加资格认证考试，既可以检验自己对专业知识的掌握程度，又可以检验自己操作技能的熟练程度，并且还可以获得相应的资格证书，在求职过程中提高竞争力。

　　(2) 科学激发学习动机。按照心理学所揭示的规律，动机支配着人们的行为，而动机又是由某种欲求或需要引起的。个别学生安于现状，不思进取，学习动力不足，不注重科学素质与人文素质并重，人文精神欠缺，个人修养欠佳。在求职时因对自己没有正确的认

识以及对岗位没有明确的定位和意向，导致找不到适合自己的岗位。因此，大学生要通过社会需要、市场需求以及成功案例等充分认识具有较高的可持续发展能力对未来参与竞争的重要性，帮助自己对所学专业产生兴趣，培养强烈的内在驱动力，意识到主动学习的重要性。

(3) 多参加实习实践项目。"纸上得来终觉浅，绝知此事要躬行"。仅仅通过课堂学习并不能完全满足大学生成长成才需求，不能达到全面发展的目的，也不能促使他们在今后从事的领域里长期发展。学习必须和实践相结合，大学生经常参加一些学校组织的社会实践、志愿服务、专业见习实习等，把学习到的理论知识用到实践中，不仅可以丰富人生经历，还可以在实践中学会解决实际问题，得以成长。

(4) 注重创新能力培养。大学生首先要在思想观念上形成强烈的创新愿望，愿意开动脑筋发现问题并解决问题。其次要有勇气和胆量，敢于冲破旧的条条框框，敢于尝试，不怕失败。最后要多参加创新实践活动锻炼自己，培养和提升自己的创新能力。

第五节　综合素质能力

一、综合素质能力的内涵

综合素质能力是指人们自身具有的各种生理的、心理的、外部形态方面以及内部涵养方面比较稳定的特点的总称。职业教育是面向就业的教育。为使高职毕业生在激烈的人才市场竞争中脱颖而出，在将来从事的某一领域里自由驰骋、获得成就，综合素质能力起到了重要的作用。因此，全方位地自我发展，做到德技并修，努力提高自己的社会责任感，提升发现问题、解决问题的能力，是高职学生在学习期间的核心任务。我们要充分利用学校提供的多种渠道，努力提高自身的综合素质能力，做有理想、有道德、有文化、有责任和担当、全面发展的新时代青年大学生。

二、综合素质能力的构成

用人单位不再是单纯用高学历、高分数的标准来衡量一个学生的能力，而是通过综合素质能力评价学生。综合素质能力的培养是高职教育的核心目标。本书将综合素质能力主要分为以下几个方面。

（一）适应能力

适应能力是指个体在适应环境的过程中表现出来的个性特征。它是善于根据社会生活中的变化，及时反馈、随机应变地进行调节的能力。五彩缤纷的社会环境往往使即将步入社会的大学毕业生眼花缭乱，并且可能产生很多的不适应，造成心里不安和情绪不稳定。大学生的适应能力是其素质、能力的综合反映，适应能力的强弱与个人的心理素质、知识技能、道德品质、人际关系和健康状况密切相关。一般来说，能力较强、心理健康的大学生能够较快地适应社会，遇到困难能保持良好的心态，积极寻找解决问题的办法，把握好的机遇，避免不利因素，快速获得社会的认同。

（二）信息处理能力

信息处理能力是指人们对信息的解读及制作能力，而信息的样式包罗万象，包括一切印刷以外的文字及非文字的媒体，例如视觉媒体、听觉媒体、电子媒体、流动媒体、网上媒体等。现代社会的主要标志是社会生活的信息化、数字化。一个人信息处理能力的高低一般可以从他确认所需信息、寻获信息、评估信息、应用信息等方面的能力来判断。信息处理能力要求一个人有较高层次方面的知识、技能与态度，而不仅仅指能力或认知上的评估，信息处理能力需要慢慢培养。例如随着互联网技术的迅速发展，信息量越来越大，传播速度也越来越快。面对高速大量的信息，我们应该如何收集、筛选、归类及整合，这也是信息处理能力的重要体现。只有那些善于收集、整理、分析、处理信息的人，才能不断在事业上取得成功。

（三）人际交往能力

人际交往能力是指以社会认可的方式，妥善处理人与人之间的关系，并与他人和谐共处、共同发展的能力。人是社会性的动物，人的本质属性是社会属性。我们生活的社会是一个由人际关系组成的复杂人际网络系统，任何人都没有办法脱离人际关系而生活，人际交往对于个人的生活、学习、工作等具有重要的意义。一个人的人际交往能力强，善于处理各种人际关系，就能够在工作中左右逢源，创造和谐的工作环境，从而快速打开工作局面，并得到更多的机会，在工作中充分施展自己的才能。

（四）组织管理能力

组织管理能力是指为了有效地实现目标，灵活地运用各种方法，合理地组织和有效地协调各种力量的能力，包括协调关系的能力和善于用人的能力等。现代社会是一个庞大的、复杂的系统，绝大多数工作需要多人协作完成，所以从某种意义上来讲，每一个人都是组织管理者，承担着一定的组织管理任务，即使将来走不上领导岗位，也需要很好地融入一个团队。

（五）时间管理能力

时间管理能力是指通过事先规划和运用一定的技巧、方法及工具实现对时间的灵活、有效运用，从而实现个人或组织的既定目标的过程。时间管理是一种方法，每个人都需要对自己进行时间管理，学会合理安排时间。时间管理能力的强弱是个人能力最主要的标志之一，也是个人核心竞争力之一，关乎工作、学习、生活的效率和事业的成败。时间管理理论的一个重要观念就是把主要的精力和时间集中放在处理那些重要但不紧急的工作上，做到未雨绸缪，防患于未然。如果时间管理能力不足，尽管很好地计划一件事，但经常没有及时完成，随着时间的推移，就会造成工作质量的下降。要把主要精力放在重要但不紧急的事务上需要合理地安排时间，一个比较好的方法就是建立预约，这样自己的时间才不会被别人占据，从而有效地开展工作。

（六）团队精神

团队精神也就是团队合作的能力。现在已经不再是单枪匹马闯天下的时候了，大学生必须学会并善于与他人合作，发挥团队的战斗力。古人云："断一指容易，断十指难"，将若干根细丝拧成一根绳，成为相互联系、相互制约的协作整体，经过优化设计后，就会实现整体功能大于部分之和，即产生"1＋1＞2"的效果。现今优秀的企业都很注重团队协作精神，并将其视为公司核心文化之一，一个优秀的员工能自觉地找到自己在团体中的位置，并自觉服从团体运作的需要，共同创造价值。

（七）执行能力

执行能力是指日常工作学习中完成预定计划的能力，是把企业战略、规划转化成效益、成果的关键。执行能力一般可分为个人执行能力和团队执行能力，包含完成任务的意愿、完成任务的能力和完成任务的程度。执行能力对个人来说是办事能力，对团队来说是战斗力，对企业来说就是经营能力。执行能力强的人，不仅能够很好地完成一次任务，还能总结经验，不断提升自身能力。而衡量执行能力的标准，对个人来说是按时、按质、按量完成自己的工作任务，对企业来说就是在预定的时间内完成企业的战略计划。

提高执行能力的具体做法如下：制订明确的计划和目标；改进工作流程，提高工作技巧；将适当的压力转化为动力等。另外，执行力技能中的 SMART 原则指的是目标必须是具体的 (Specific)、可以衡量的 (Measurable)、可以达到的 (Attainable)、和其他目标具有相关性 (Relevant) 及具有明确的截止期限 (Time-bound)，根据 SMART 原则确立目标也有利于提高执行能力。

三、综合素质能力的培养和提升途径

高等职业教育以社会需求为目标、以岗位技术要求为主线设计学生的知识、能力、素质结构和培养方案，并随着经济全球化、科学技术快速发展，逐渐向培养综合型人才模式发展，教会学生知识技能、做人的道理和成功的准则，为学生综合素质能力的提升创造了良好的外部环境，促进学生全面发展。高职院校培养和提升学生综合素质能力的途径有以下五条。

（一）全面重视身心素质教育，促进学生身心健康发展

高职院校不应只重视学生的学业成绩，还应建设有关软硬件设施，保障学生身心健康，把握学生的思想动态，关注学生心理动态，引导学生学会释放压力，保持良好的健康状态。

同时，引导学生以积极进取的人生观作为人格的核心，把自己的需要、愿望、目标和行为统一起来，能够进行正确的自我评价，对自己的优点感到欣慰，但又不狂妄自大，对自己的弱点既不回避，也不自暴自弃，善于正确地接纳自我。另外，还应促进学生建立和谐的人际关系，经常和家人、老师、同学、朋友等交流思想，积极参加校园活动，这样学生既可以从中体验到信任和支持，又可以将自己烦闷、压抑等负面情绪疏导出去，从而减轻焦虑、孤独、抑郁等情况。另一方面，应引导学生加强体育锻炼，聘请体育方面专家，给学生制订合理的健康发展建议和规划，提高学生的身体素质。

（二）全面提高思想道德素质教育，促进学生形成正确的价值观

思想道德素质教育是一种旨在提高个体道德品质、价值观念和行为规范的教育方式。它着重强调培养个体的正义感、责任感、尊重他人等基本道德素质，以及帮助个体树立正确的世界观、人生观、价值观等思想品质。思想道德素质教育是高职教育不容忽视的内容，是学生成才的核心，是全面发展的人才必须具备的首要素质，也就是日常所说的"德育为首"，它包括良好的思想政治素质和道德品质。如今科学技术、信息技术迅速发展，为了在错综复杂的信息以及人际关系里面对物质利益时保证价值观、人生观不发生偏离，道德观念不发生扭曲，学生需要接受良好的思想道德素质教育。高等职业教育重视思想道德素质教育，能够帮助学生知己知彼，塑造个体的品格和人格，成为有道德、有良知、有责任感的人，从而更好地理解自己与社会的关系，明确自己的责任和义务，成长为具有良好思想政治素质和道德品质的人才。

（三）全面开展专业素质教育，促使知识和能力结构科学合理

高等职业教育专业素质教育包括教学和实训两项内容，一方面强调学生整体素养的全面提高，最大程度地与将来从事的领域进行专业匹配；另一方面注重学生的个性和需要，注重人文教育与科学教育的融合，对知识结构进行调整和优化。高职教育的课程体系要结合职业方向的科学教育和人文教育，使知识与技能、过程与方法、情感态度与价值观相互融合，既体现生存、有用、职业的特点，又注重学生个性自由、全面发展，进一步促进学生整体素养的提高。实训是高职教育促进学生全面发展的有利途径，既能拓展和深化学生的知识结构，又能提高学生解决实际问题的能力，有效促进学生的知识和能力结构科学合理，进而为专业素质的提升奠定基础。

（四）全面提升人文素质教育，帮助学生形成高尚的人格修养

人文素质教育即教人之所以为人之道，这是一个外因不断内化的过程，环境的熏陶、潜移默化的影响在内化过程中的作用很大。高职院校应该综合调动学校的文化力量，通过人文知识的传授与环境的熏陶将人类优秀的文化成果传输给学生，关注学生人格健全，引导学生形成自尊自爱、独立自主、自强不息等内在的相对稳定的品质，从而形成高尚的人格修养，为幸福健康的生活与工作奠定基础。

（五）全面加强能力素质教育，提升学生的综合素质能力

能力素质教育以学生为中心，更加注重学生实践操作和实际应用能力的培养，旨在培养学生更加全面系统的能力和素质，使学生不仅能掌握知识和技能，还能提高独立思考能力、创新能力、沟通能力、协作能力等综合素质。高职院校的校企合作办学模式和工学结合的人才培养模式，在教育目标、教育方式、教育内容以及课程体系等方面进行了创新，建立了多元化的评估体系，能全面评估学生的综合素质和能力水平，帮助学生更好地适应未来的社会和职业发展需求，为学生综合素质能力的整体提升打下了坚实基础。

总之，高职院校应坚持德技并修、产教融合、校企合作、工学结合的育人机制，多种形式探索德技并修育人理念，加强德技并修体制机制建设，创新人才培养模式改革，培养德技并修人才，促进高职毕业生综合素质能力的全面提高，使其提高就业竞争力，实现人生价值。

▶▶ 🎙 思考题 ···

1. 简述培养和提升就业能力的重要性。

2. 你如何看待专业技能操作练习？

3. 职业素养的培养和提升途径有哪些？

4. 该不该参加学校的学生社团？有什么帮助？可以锻炼哪些能力？

5. 请结合所学内容，列举自己已经具备的综合素质能力和有待提高的综合素质能力，并据此制订一份"综合素质能力提升计划书"。

第四章

高职生职业生涯规划

学习目标

1. 理解专业与职业的关系，以及如何根据专业选择合适的职业路径。
2. 掌握职业生涯的基本概念，包括职业生涯的定义、重要性和发展阶段。
3. 认识大学阶段在个人职业生涯发展中的关键作用，积极规划未来的职业生涯。

学习重点

职业生涯规划的重要性和必要性、根据个人特点和市场需求制订职业生涯规划、大学资源的利用和职业的发展机遇。

学习难点

准确评估自身的职业兴趣和能力、将职业生涯规划与实际行动相结合、在变化的职业市场中保持灵活性和适应性。

第一节　专业与职业

在选择职业时，当代大学生应该担负起时代赋予的使命，除了实现个人愿景，更重要的是推动国家的进步、为人类谋幸福。未来社会对职业的发展提出了更高的要求，那么如何才能有更好的个人职业发展呢？

一、认识专业

我们要充分了解所学专业，争取职业和专业相吻合，实现效益最大化，尽量避免个人的职业生涯走弯路，借助新时代国家力量，释放青春激情，追逐青春理想，书写人生华章。

从高考填报志愿起，就涉及专业选择的问题了。那么，究竟什么是专业呢？专业即专门的学业，是指高等学校根据学科体系的内在逻辑以及社会分工的需要而划分的学科门类。设置专业是大学培养人才的重要特征。

（一）专业设置的具体要求

专业设置的具体要求主要有以下两个方面：

(1) 满足人才培养规格的要求。每个专业的设置都要以教学计划、培养方案作为支撑。一名大学生只有完成该专业设置的教学计划及学习任务，才能被认定为符合该专业培养要求的合格学生，方可顺利从该专业毕业。

(2) 主动适应经济发展新常态。我国实施"互联网＋"行动等国家战略，制造业从当前的"自动化"走向今后的"数字化""智能化"等，对高职院校专业设置和人才培养提出了新要求，即主动适应经济发展新常态。

（二）如何了解本专业

每一个专业都有自己的人才培养方案。所谓人才培养方案，就是培养什么样的人，怎样培养人的一套可行性方案。《教育部关于职业院校专业人才培养方案制订与实施工作的指导意见》（教职成〔2019〕13 号）中明确提出，专业人才培养方案是职业院校落实党和国家关于技术技能人才培养总体要求，组织开展教学活动、安排教学任务的规范性文件，是实施专业人才培养和开展质量评价的基本依据。所以，想要了解自己的专业，应先从本专业人才培养方案着手。

二、认识职业

职业是社会分工的产物，随着社会的发展，职业的种类也逐渐增多。职业分类有利于职业教育制订出相应的人才培养方案，使学校按照职业的性质开设相关专业，使人才培养更有针对性。

（一）职业的内涵

职业是连接个人与社会的桥梁，是人类社会分工的结果。从词义学的角度解释，"职"有社会责任、权利义务的含义，而"业"则是指以某种特殊的技能从事某种业务。在《现代汉语词典》中，"职业"一词解释为"个人在社会中所从事的作为主要生活来源的工作"。因此可以说，职业就是人们参与社会分工，利用专门的知识和技能创造物质财富、精神财富，获得合理报酬，以满足物质生活和精神生活需要的工作。职业在反映一个人的社会身份与地位、自身的文化与能力的同时，还是一个人的符号和主要特征的体现。

（二）职业的构成

职业的构成主要体现在以下五个方面：

(1) 职业名称：职业的符号特征，一般是以社会通用称谓命名。如教师、律师、会计等。

(2) 职业主体：在社会分工活动中，有资格和能力承担一定社会活动的劳动者。

(3) 职业客体：在职业活动中，劳动者面对的工作对象、工作内容等。

(4) 职业技术：在职业活动中，劳动者所运用的专业技能、知识技能的总和。

(5) 职业报酬：劳动者以职业活动为媒介的经济收入所得。

（三）职业的作用

1. 职业能促进个人能力的提升

人的能力是多方面的，而能力的培养和提升主要是通过人们在社会实践活动中不断锻炼实现的。长期从事某种职业，能够不断提高一个人的能力。

2. 职业能影响个人的生活方式

生活方式是与人们的消费方式、言谈举止和其他日常行为相关的活动方式，其中包括人们的劳动方式和工作方式。不同的职业对专业技能、知识技能有不同的要求，从事不同职业的劳动者需要遵守相应的职业规范和职业道德要求。这一过程对不同职业劳动者的个人生活方式产生了不同影响。例如，军人与教师的日常行为准则不同，生活方式自然不尽相同。

3. 职业能推动社会发展和进步

在当今社会中，每一项社会构成要素都有其相对应的职业，每一种职业都会推动社会的发展和进步。例如，科技是社会构成要素之一，科技工作者所从事的职业推动了科技发展，促进了社会进步；教育工作者献身的教育事业是社会构成的又一要素，教育事业的发展同样给予社会源源不断的发展力。所以，每种职业都对人类社会的发展和进步起到了积极的促进作用。

（四）职业的分类

我国是世界上最早出现职业和职业活动的国家之一。早在 2500 多年前，《谷梁传·成公元年》中就记载了"古者有四民，有士民，有商民，有农民，有工民"。伴随着社会的不断进步，我国现代化的进程发展得越发迅猛。1995 年原劳动和社会保障部联合中央各部委成立了国家职业分类大典和职业资格工作委员会，经过 4 年时间编制完成了《中华人民共和国职业分类大典》（以下简称"大典"）并于 1999 年 5 月向社会公布，于 2015 年进行了修订。在这部大典中，共收录 1481 个细类（职业），这些细类归为 8 个大类，75 个中类，434 个小类。

（五）初入职场应关注的要素

在某高等职业院校的毕业生双向选择招聘会上，某互联网公司的展位前人头攒动，同学们纷纷向该公司投出简历并希望能获得一次面试的机会。这些前来应聘的同学专业各异，有自动化、机械制造专业的，还有应用电子技术等专业的。当问及同学们是否了解该单位时，部分同学的回答却惊人地相似："具体不是很了解，做什么也不太清楚，只知道这家单位很有名！"这样的情况屡见不鲜。

我们在求职时除了要关注单位的名气、薪金报酬外，还要了解以下内容。

1. 工作内容

工作内容是我们初入职场关注的主要因素。何为工作内容？简单来说，就是"做什么"。当我们申请某个职位后，首先要了解这个职位需要我们承担的任务是什么，工作的对象是什么，工作量如何，等等。这些均是工作内容涵盖的方面。

2. 入职条件

在了解了一份工作的主要内容之后，接下来就要明确自身是否满足用人单位所提条件（入职条件），即是否能胜任这份工作。每个岗位的入职条件不同，每个单位对员工的要求也不尽相同。总结起来，入职条件主要有以下几个方面：

(1) 受教育程度。受教育程度就是这份工作对学历和专业水平的要求。在招聘简章中，我们常会看到"全日制大专及以上学历""×× 专业毕业"等，这些就是对受教育程度的要求。

(2) 性格与能力。不同的工作对性格、能力的要求不同。例如，优秀的秘书需要具备良好的时间管理能力，优秀的销售员需要具备强大的沟通能力，等等。有些工作则对外语要求较高，如招聘简章中注明"通过英语六级者优先"。

(3) 思想道德素质。在招聘简章中，经常提出招聘者要有良好的品行，遵守《中华人民共和国宪法》（本书后文简称宪法）和法律，不得因犯罪受过刑事处罚等。有的特殊岗位还会有"中国共产党党员优先"的说明。

(4) 资质与经验。有一些特殊岗位的入职条件是需要有社会统一资格认证的证书。例如，导游的入职条件是需要考取导游资格证；护士则需要持有护士资格证；医生的入职条件更高，需要在医疗相关工作岗位从事相关工作一年以上，方可有资格申请参加助理执业医师的考试，考试通过后方能入职。

此外，现在很多岗位的招聘信息都打出"有工作经验者优先"这样一句话，很多同学认为这是对应届毕业生求职最不利的因素。其实在经过认真调研分析后，我们不难发现，用人单位优先招收有工作经验的员工主要是注重员工的实践能力、团队精神、沟通能力等。所以在校期间，同学们还是要尽量抽时间参加社会实践活动，在活动中锻炼自己的综合能力。

（六）福利薪金

付出劳动而获得报酬，无可厚非。但是，很多同学对"报酬"的理解过于片面，认为报酬就是钱。其实报酬是指员工用时间、劳动努力获得的回报，包括物质和非物质两种形式。物质报酬即薪金，包括工资、奖金、津贴等。非物质报酬即福利，包括社会福利（如医疗保险、失业保险、养老保险、生育保险等）和个人福利（如退休金、公积金、交通费、午餐费、在职培训、带薪假期等）。当然，非物质报酬还包括乐趣、自信和成就感，一份能让我们收获快乐、积累成就感的工作才是最佳的选择。

初入职场，同学们对一份工作的了解无外乎从以上六方面着手。在宏观了解职场后，我们才能走进职场。

三、专业与职业的关联

一份完美的职业生涯规划需要我们重点分析目前所学专业与未来将要从事职业的关系。有人说，专业决定职业，选择了什么专业，未来就会从事什么职业；有人说，专业与职业的关系并不明显，专业的学习主要是知识能力的储备，不要用专业限制未来的职业发展。下面我们就来具体分析一下专业和职业的关系。

（一）专业包容职业

专业包容职业是指一个人从事的职业一直在其所学专业领域内。这种情况下，选择的职业与所学专业相吻合，能够做到学以致用。

（二）职业包容专业

职业包容专业是指一个人从事的职业是在其所学专业的基础上不断向外扩展的，主要表现为职业的选择与所学专业方向一致，但职业发展远远超出专业学习的范畴。这种情况需要个体根据自身的职业生涯规划，在学好本专业的基础上，辅修或自修其他专业内容，以满足职业发展的需要。

（三）专业与职业交叉

专业与职业交叉是指一个人的职业发展在其所学专业的基础上，有重点地朝某一方向扩展。此种情况下的专业学习同样起到了基础性作用，有着重要的意义。这种情况要求个体在学好专业知识的同时，在自身职业生涯规划的指导下，规划好其他课程的学习。

（四）专业与职业分离

专业与职业分离是指一个人规划的职业发展与自身所学专业毫无关系。具体来说，指个体在充分规划自身未来职业发展的基础上，所选择职业与目前所学专业方向不一致，出现分离情况。这时应尽早调整专业，或辅修其他专业。

四、正确处理职业与专业的关系

在充分了解专业与职业的关系后，高等职业院校的学生要以就业为导向，做出正确的选择。

（一）选我所学，充分了解专业

专业是学科与职业之间的纽带，它依学科划分且根据职业群的新要求不断调整。高等职业院校的专业设置精准对接人才市场，针对较具体的职业要求，重点培养学生的专业技能，并要求学生在校期间考取相应的职业资格证书及职业技能等级证书，助其在毕业后顺利就业。所以，我们在进行职业生涯规划之前，要充分了解自身所学专业。

1. 了解与专业相关的职业

既然高等职业院校的专业设置均指向劳动市场，那么我们首先要充分了解与专业相关的职业群都有哪些。同学们可以通过与辅导员或专业教师进行沟通交流来了解，因为他们往往掌握着本专业较前沿的资讯；也可以与本专业的学长学姐充分交流，通过他们实习或就业的方向来指导自身制订职业生涯规划；还可以通过网络搜索、人才市场及招聘现场调查等方式获得相应的信息。在了解相关职业群的同时，我们要清楚自身所学专业的学科特征有哪些，了解学科门类中其他相关专业的基本情况，了解本专业人才培养规格的主要特征。"知己知彼，百战不殆"，我们只有明确了专业培养目标以及未来的职业发展方向，才能更好地发挥自身的特长，充分融入专业知识、专业技能的学习中去，做到有的放矢。

2. 了解专业人才培养规格

相同的专业在不同的高等职业院校内会有不一样的人才培养规格。每一所高等职业院校都会对自己培养的毕业生有一个基本的定位，这个定位主要是根据学校自身的学术水平、社会影响力以及社会对学生的需求等设定的，而专业人才培养规格则是根据学校的整体定位来确定的。所以，我们要了解自己所学专业是在为谁培养、如何培养、培养哪种类型的人才，是应用型、研究型、复合型，还是具体从事技术开发、生产管理、产品营销等工作。

3. 了解专业与个人职业发展方向的关系

其实每个同学心中都有一个大致的职业定位，尽管可能不明确，但是肯定都想过自己未来要成为怎样的人，从事哪一类工作。这就需要我们认准自身的职业定位后，根据对自身兴趣、爱好、能力、知识、性格等方面的认知，进一步明确自己未来的职业选择与自身所学专业的关系。职业发展需要的知识和技能很多，各专业的人才培养规格和学科特征为我们提供了一系列的知识和技能组合。我们应该清楚自身通过专业学习获得的知识和技能中哪些对职业发展用处较大；除了专业学习获得的知识和技能之外，对于个人的职业发展还需要补充哪些知识和技能。通常情况下，专业的针对性越强，则适应性越小；而适应性提高，则专业针对性或对专业知识、技能的掌握程度就会降低。适应性主要通过基础知识、基本技能和综合素质来体现，专业性则主要由专业知识和专业技能反映出来。

（二）学我所选，学好专业技能

大学和中学相比，学习方式发生了很大变化。尚未适应大学生活的同学们要尽快了解专业特点，有的放矢地找到适合自己的学习方法和对策。既然已经做了选择，就要勇敢地走下去，努力学好技能本领。

首先，要端正学习态度，树立正确的学习目标，正确认识专业学习的意义。对专业不感兴趣的消极认识对学习有很大的危害。专业学习过程是我们自身学习能力、思维能力的提升过程。专业学习能够强化我们综合素质的培养，尤其是高等职业院校的学生，通过专业学习不仅能提升知识水平，更能培养专业技能。

其次，要养成良好的学习习惯。大学的学习过程对未来我们能否在社会、职场中走稳、走好有重要的意义。在大学期间，我们要学会自主学习，养成良好的学习习惯，培养终身学习的意识。每一位大学新生都处在同一起跑线上，未来能否脱颖而出，关键在于谁觉醒得早、行动力强。成功需要良好的学习、生活习惯。在大学期间，我们要加强自我约束、自我监督、自我管理。"学而不思则罔，思而不学则殆"。在学习中我们要勤于思考、勤于提问、勤于阅读、勤于创新，最终结合专业特点，形成一套适合自己的学习方法，养成良好的学习习惯。

在当前就业形势下，为了实现职业理想，我们要尽快了解自我，了解专业，明确自己的专业定位，处理好职业与专业的关系，尽快进入角色，学好专业知识，掌握专业技能，为自己未来的职业发展打下坚实的基础。

第二节　了解职业生涯

一、职业生涯的含义

职业生涯是指人一生中的职业历程，在个人生涯中占据核心与关键的地位。人一生的职业历程有种种不同的可能：有的人从事这一种职业，有的人从事另一种职业；有的人一生变换多种职业，有的人终身位于一个岗位上；有的人不断追求、事业成功，有的人穷困潦倒、无所作为。造成人们职业生涯差异的原因有个人能力、心理、机遇方面的不同，也有社会环境的影响。从经济的观点来看，职业生涯就是个人在人生中经历的一系列职位和角色，它们和个人的职业发展过程相联系，是个人接受培训教育以及职业发展所形成的结果。

简单来说，职业生涯是以心理开发、生理开发、智力开发、技能开发、伦理观念开发等人的潜能开发为基础，以工作内容的确定和变化，工作业绩的评价，工资待遇、职称、职务的变动为标准，以满足需求为目标的工作经历和内心体验。

二、职业生涯的分类

职业生涯分为两类：外职业生涯和内职业生涯。

(1) 外职业生涯指从事职业时的工作单位、工作时间、工作地点、工作内容、工作职务与职称、工作环境、工资待遇等因素的组合及其变化过程。它是依赖于内职业生涯的发展而发展的。

(2) 内职业生涯指从事一种职业时的知识、观念、经验、能力、心理素质、内心感受等因素的组合及其变化过程。它是别人无法替代和窃取的人生财富。

二者的关系如下：

(1) 内职业生涯发展是外职业生涯发展的前提，带动外职业生涯的发展。

(2) 外职业生涯的因素通常由他人决定、给予，也容易被他人否定、剥夺；内职业生涯的因素由自己探索、获得，并且不随外职业生涯因素的改变而丧失。

(3) 外职业生涯略超前时有动力，超前较多时有压力，超前太多时有毁灭力；内职业生涯略超前时舒心，超前较多时烦心，超前太多时忧心。

三、职业生涯的发展阶段

本书在第二章第二节介绍过几种职业生涯发展理论，高职学生在进行职业生涯规划时，可根据舒伯的生涯发展理论将职业生涯发展阶段划分为成长、探索、建立、维持与退出五个阶段，对这五个阶段的具体介绍参考第二章第二节，此处不再一一陈述。

在上述五个生涯发展阶段中，每个阶段都有一些特定的发展任务需要完成，每个阶段都需达到一定的发展水准和成就水准，而且前一阶段发展任务的完成与否关系到后一阶段的发展。同时，在人的生涯发展中，各个阶段同样要面对成长、探索、确立、维持和退出的问题，因而形成"成长—探索—确立—维持—退出"的循环。

大学生正处在职业生涯探索期和职业生涯建立期的转换阶段，主要的发展任务是通过职业生涯探索明确发展方向，完成具体的职业计划和准备。在大学的每一时期都存在成长、探索、确立、维持和退出五个阶段。一年级的新生必须适应新的角色与学习环境，经过"成长"和"探索"，一旦"确立"了比较固定的适应模式，并且"维持"了大学学习生活之后，又要开始面对另一个阶段——准备求职。原有的已经适应了的习惯会逐渐衰退，继而面对新阶段的任务，又要经历"成长—探索—确立—维持—退出"的过程，如此周而复始。

四、职业生涯的准备

经常听到身边的同学发出这样的感慨：迷茫、无所适从……经历了十余载寒窗苦读，特别是在经过高考的洗礼后，突然走进"风平浪静"的大学，取而代之的却是茫然和担忧。这种担忧不再是为了考试，而更多地是为了将来踏入社会后的生存和发展。"宜未雨而绸缪，毋临渴而掘井"，就让我们从现在开始为自己未来的职业生涯做足准备吧！

（一）增强职业规划意识

某高等职业院校进行的一次职业生涯规划问卷调查结果显示，有超过半数的同学认为职业规划的意义不大，缘由大致如此：选择高等职业院校就是为了通过专业的学习更好地就业，我们所学专业专业性强、职业针对性强，没有规划的必要。但大家可曾注意，同一个专业的学生最终会走向不同的工作岗位。例如，同样是学习中医专业的同学，毕业后有的同学成了中医师，有的同学成了推拿师或者中药经营师。职业的种类万千，增强职业意识能够帮助我们明确奋斗目标，发掘自身潜能，转变择业观念，提升就业竞争力。

1.增强职业规划意识有助于明确奋斗目标

在翻阅一些成功人士的简历时，我们会发现他们的成功并不都是基于良好的社会背景或较高的学历层次，相反，他们中的很多人都是白手起家，学历平平。虽然成功是不可复制的，但是他们都有一个共同的特点——目标明确。为了实现这个目标，他们为之奋斗一生，矢志不渝。职业生涯规划就可以帮助我们根据自己的能力和知识，设计一个自己将要为之奋斗的目标，然后通过一步一步的努力朝着那个方向前进，最终实现人生理想。

2.增强职业规划意识有助于发掘自身潜能

每个人都蕴藏着无限的潜能，为了将自身潜能激发出来并使之得到最大限度的发挥，职业生涯规划起着至关重要的作用。在工作、学习、生活中，我们经常会看到这样的人：想起什么做什么，杂乱无章，完全没有计划可言。这样的人由于没有整体的、宏观的概念，很容易沉陷于繁杂的事务中，事无巨细、效率低下。一份行之有效的职业生涯规划不仅仅是一份工作计划，它还能帮助我们更加全面地认识自己、了解自己，重新定位自己的社会价值，保持自信；帮助我们评价自身所处的环境因素，测评目标与现实环境之间的差距，突破并塑造充实的自我；帮助我们树立明确的职业发展目标与理想，提供奋斗的策略，搜索、发现新的或有潜力的职业机会，找到适合自己的工作，不断增强自身职业竞争力，积累和发挥潜在的优势，最终实现自身职业理想。

3.增强职业规划意识有助于转变择业观念

当今社会正处在变革的时代，充满着机遇和挑战。要想在激烈的竞争中脱颖而出并立于不败之地，必须设计好自身的职业生涯规划，有效整合自己的优势，做到心中有数。传统的职业观念是终身从事一项稳定的职业，不断精于这一行。这种职业观念已经不能完全适应现在知识经济飞速发展的需要。从终身职业到终身就业，职业活动的转换已成为大多数人生活中的必然。职业生涯规划能帮助一个人认清就业形势，转变就业观念，保持对职业与未来的活跃思考。

（二）明确职业奋斗目标

目标是前行的方向，它犹如明灯照亮我们前进的道路，让我们在迷茫时坚定方向。设定切合实际的职业目标是职业生涯规划的核心。有了正确、适当的职业目标，才能明确奋斗方向。

1.明确职业目标的意义

(1) 目标能帮助我们确定未来发展方向。一代文豪苏轼曾说："古之立大事者，不惟有超世之才，亦必有坚忍不拔之志。"目标会使人产生强烈的使命感和责任感，激励人们为之努力奋斗，在困难和挫折面前也矢志不渝。如果没有切实可行的目标作驱动力，我们在前行的过程中就没有方向，容易迷茫，面对困难容易妥协。所以，当我们在做职业生涯规划时，首先要明确奋斗目标，并且为了目标的实现而不断努力，这样才能取得成功。

(2) 目标能确保我们明确人生的侧重点。我们在成长、学习的过程中会遇到诸多选择，经常走到分岔路口，但没有时间和精力一一尝试。这种情况下，有了明确的目标，就有了努力的方向和重点。它能够让我们在众多的问题中尽快做出抉择，分清主次，抓住最重要的事情。一切活动都围绕这一目标展开，并最大限度地发挥自己的潜能，以确保目标的实现。

2. 职业目标的选择原则

(1) 择己所爱。从事一项你喜欢的工作，工作本身就能带给你满足感，你的职业生涯也会因此变得丰富多彩。兴趣是快乐的源泉，是成功路上必备的基石。在确定自己的职业目标时，务必根据自身兴趣特点，择己所爱，选择自己喜欢的职业。

(2) 择己所长。任何职业都要求从业者掌握一定的技能，具备一定的能力条件。所以在选定职业目标时要选择自己擅长的，以便发挥自己的竞争优势，让自己在职场中立于不败之地。

(3) 择世所需。随着社会的发展进步，职业的种类日益繁多，这就导致社会对人才的需求不断发展、变化。当我们选择职业目标时，要将眼光放长远，分析社会需求，这样才能根据未来职业发展方向做出正确的抉择。

（三）提高自身就业能力

就业能力是一种综合能力，是学生在大学期间通过学习知识、培养综合素质而具备的获得工作机会并在工作中持续发展的能力。就业能力不仅是指获得工作的能力，还包括保持工作的能力以及在工作中进一步发展的能力。它是一种获得工作、保持工作、取得工作进步的综合能力。就业能力中的通用技能主要包括两大部分：一是基础人文素养，二是职业生存能力。作为高等职业院校的学生，就业能力可以从以下几个方面进行重点培养和提高。

1. 人际沟通能力

一项权威调查结果显示，在校期间成绩拔尖但是不善于人际沟通的学生，毕业后获得事业成功的只占20%，而那些在校期间学习成绩一般但是显示出良好沟通能力的学生走向社会后获得事业成功的占到了80%。可见人际沟通对于大学生未来职业发展的重要作用。因为人际关系提供了社会功能，借助沟通这个过程，人与人的关系得以维系和发展。那么，我们如何培养人际沟通能力呢？

(1) 善于倾听。倾听是我们接收听到的信息，并在头脑里进行组织、加工以理解信息的意义的过程。无论是在人际交往中，还是在生活、工作中，有效的倾听都是至关重要的个人技能。人际沟通的最重要一点就是学会倾听，同时要让对方明白我们已经理解对方所要表达的意思，并且感同身受。有效的倾听能够让对方感觉到被理解、被接纳。

(2) 真诚反馈。在维护人际关系的过程中，我们不仅需要运用有效的倾听来表达对他人的接纳和尊重，也需要通过真诚的反馈让他人了解我们的情感和思想。通过真诚的反馈，倾听者可以阐述自己的观点，同时通过适时、适度的提问来获得更多的信息。倾听后我们要注意真诚地表达反馈，比如：可以通过重复对方说话中的关键词，也可以使用简单的语句，如"是的""好的""继续""嗯"等来表示认同对方的陈述；通过"说来听听""我听听你的意见"等一些开放式的问句来鼓励谈话者更多地诉说。另外，一些非语言符号也可以起到有效反馈的作用，比如一些动作、眼神、表情等。

2. 团队合作能力

团队合作能力是指建立在团队基础上，发挥团队精神，互帮互助，以达到团队最大工作效率的能力。培养自身的团队合作能力要从以下几个方面入手。

(1) 尊重。如果一个人想提高自己的团队合作能力，想尽快地融入团队，想提高所在团队的战斗力，就要先学会尊重别人。没有高低之差、没有资历之别的尊重是团队合作的首要条件。只有团队中每一个成员备受尊重，才能保证成员间平等的关系，促使团队营造出和谐、融洽的氛围，使团队资源形成最大化的共享。

(2) 信任。团队是一个相互协作的群体，需要团队成员之间建立相互信任的关系。信任是合作的基础，是一种激励，更是一种力量，尤其当团队遇到危机时，信任更显重要。团队作业如同一场排球比赛，每一位队员的任务、分工或者特长不同，建立信任是队员之间的首要任务。如果因为一个队员的失误而导致信任关系瓦解，那么这个团队将很难走向最后的胜利。

(3) 宽容。宽容是团队的润滑剂。它能消除分歧和争端，使团队成员互敬互重、和谐相处，从而安心工作，体会到合作的快乐。做到宽容，最重要的是要做到接纳、赞美别人，学会换位思考，站在别人的角度思考问题，赞扬别人的长处，这样才能维系、扩展更广阔的人际关系。

(4) 负责。敢于承担责任，敢于担当，对自己负责、对团队成员负责、对团队负责，并将这种精神落实到每一个工作的细节之中。团队在运作过程中难免会出现失误，若是每次出现失误都相互推卸责任，这个团队终不能成功。

(5) 互助。只有完全发挥作用的团队才是最具竞争力的团队，同时只有身处最具竞争力的团队之中，个体的价值才能得到最大限度的体现。当我们的团队出现"短板"时，我们要学会互助，不能自顾自地前进，忽略自身短板的存在。我们只有想方设法让"短板"达到"长板"的高度，才能完全发挥团队的作用。

3. 解决问题的能力

分析和解决问题的能力是指个体能够准确地把握事物发生问题的关键因素，经过有效的分析，提出解决问题的意见或方案。这一能力是一项重要的职业核心技能。有关调查显示，具有较高分析和解决问题能力的毕业生最受用人单位青睐，这项技能能够帮助学生顺利就业、创业，并在未来的职业发展中长期发挥重大作用。

(1) 发现问题。问题本身是客观存在的。有的问题较为明显，容易被发现，而有的问题则比较隐蔽，不易被挖掘。能否发现问题取决于以下三个因素：

① 解决问题者的积极性。积极性越高，接触面越广，发现问题的可能性就越高。

② 解决问题者的知识、经验。知识越广博，经验越丰富，视野也就越开阔，同样越容易发现问题。

③ 解决问题者的求知欲望。求知欲望越高的人，越不满足于对事物的一般了解，对新知识的渴求促使着问题的发现。

(2) 提出问题。提出问题就是敢于质疑问题的存在。在分析问题的过程中，发现问题很容易，但是敢于质疑权威，提出问题，说出自己的真实想法却是一件难事。在日常学习、工作中，我们经常要面对大量的问题，但在所谓权威解释面前，我们的思维不免囿于懒惰和定式，最终提出问题、敢于质疑者少之又少。

(3) 分析问题。分析问题就是认清问题的关键所在。只有这样才能明确目标，找到解决问题的根本。解决任何问题都要先分析问题的要求和条件。要求是问题解决要达到的目的，条件是问题解决过程中所能利用的因素和必须接受的限制。分析问题就是要分析问题的要求和条件，找出它们之间的内在联系，把握住问题的主要矛盾，明确问题的解决方向。

(4) 解决问题。一旦我们明确了问题的根源，就可以制定相应的对策解决问题。对于同一个问题，问题解决者往往会提出多种假设，以确定最佳解决方案。在这里，假设是指解决问题的可能性和方法。一个提出多种假设并确定最佳方案的人肯定是一个知识广博、经验丰富、思维活跃的人。

第三节　大学阶段与个人职业生涯发展

对于当代大学生而言，职业生涯规划就像一座灯塔，指引着大学生在追求人生目标的道路上前进。它在总结了无数前辈智慧结晶的基础上，告诉大学生做人处世的基本道理，指明怎样做才能事半功倍；它也在反思了身边许多事例的基础上，告诉大学生在实现目标过程中要注意些什么，从而少走弯路。此外，当大学生在前进的道路上遇到困难，无法坚持而想放弃时，职业生涯规划会使其产生源源不断的动力，让其坚定地走下去，直达成功的彼岸。

总之，进行职业生涯规划是为了让大学生突破障碍、激发潜能、实现自我。职业生涯规划能为大学生提供一些有效的方法和工具，让其在不同的发展阶段都能对自己的过去、现在和未来有一个重新审视和评估的机会。即使在无法预期、充满不确定性的人生中，大学生也能运用这些方法和工具学习到如何根据可能发生的变化不断调整自己，修正可执行的计划，为自己的每一个人生阶段创造最大的满足感和成就感。

一、大学生职业生涯规划的必要性

大学生的就业压力是不容忽视的社会问题，高等学校引导大学生制订职业生涯规划有助于大学生全面认识自我，明确职业理想和目标，培养职业素养和能力，树立科学的就业择业观，推进大学教育教学改革。

1. 有利于大学生全面认识自我，准确定位自我

职业生涯规划中的自我测评就是自我认知的过程。大学生通过霍兰德职业倾向测验量表等测评工具，结合自评、他评以及心理测评发现和确定自己的职业兴趣与能力特长，令择业意识从"我想干什么"的幻想型转变到"我能干什么"的现实型，对自己的优势、劣势进行对比分析，根据自身定位选择恰当的职业目标。

2. 有利于大学生明确职业目标，及早制订规划

大学生在了解自我之后，就对自己的优势、劣势，想要什么、能做什么有了一个逐步清晰的认识。这是一个艰难复杂的目标明确过程，但是目标一旦确立，就可以制订相应的短期规划、中期规划和长期规划，并不断地在学习与实践中调整计划，使目标更加清晰，使自己更有动力。

3. 有利于提高大学生的职业素养

随着各种竞争机制日趋完善以及行业竞争急剧升温，社会对职业素养的要求更为严格甚至苛刻。大学生在毕业走上社会岗位前所形成的职业素养，往往成为决定求职成败的关键，也直接决定着大学生能否胜任甚至出色地完成今后的工作。

4. 有利于大学生树立科学的就业择业观

职业生涯在人的一生中占有极为重要的地位，职业生涯成功与否直接影响人生价值能否充分实现。大学期间进行职业生涯规划，进行自我分析、环境分析、行业分析和职业定位，可以使大学生合理地确定自己的职业期望值，用长远的战略眼光选择适合自己发展的职业，从而避免盲目择业、频繁跳槽。

5. 有利于推进大学教育教学改革

高校在教育教学中要有针对性地对大学生进行职业指导，培养出社会需要的复合型人才，从就业技能及职业道德方面帮助大学生尽早确立自己的人生目标，并且帮助大学生提前认识和了解就业相关的问题，制定符合大学生发展需求、适应时代发展的教育教学内容。

二、大学生职业生涯规划的误区

1. 忽视职业生涯规划

大学生缺乏职业生涯规划意识的现象比较普遍，而真正了解职业生涯规划的大学生更是为数不多。

2. 把职业生涯规划等同于职业选择

职业生涯规划是一个周而复始的连续过程，其过程包括确定志向、自我评估、生涯机会评估、职业选择、职业生涯路线选择、确定目标、制订行动计划、评估与反馈等步骤。而职业选择单纯地讲就是找一份工作，实际上是根据自身的兴趣、爱好、能力等因素选择符合自己的工作的一个过程。显然，职业选择只是职业生涯规划中的一个环节。

3. 职业生涯规划急功近利

由于近年来就业压力越来越大，很多大学生一进大学就准备考研，在校与放假期间的大部分时间都在学习，很少考虑工作的事情，也不参加社会活动，怕影响学习。一部分大学生不根据自己的实际情况盲目地考证或参加培训；更有见异思迁者，一看到社会上某种职业收入高就想从事该职业，把自己的规划抛到脑后。

三、影响大学生职业生涯发展的因素

在人的一生中，职业生涯是主体，是人生旅途中最关键、最辉煌的阶段。而这一阶段主要受多种因素的影响，它们互相关联、互相制约，共同影响着人的一生。

1. 个人因素

影响职业生涯发展的个人因素起着基础性作用，决定着人的发展方向和前景。

(1) 健康状况。健康的身体是个体开始职业生涯的首要条件，几乎所有的职业都需要有健康的身体。凡是积极追求健康的人大多满意自己过去的职业经历，他们看重生命，关心健康，执着追求。紧张忙碌的工作会导致压力增加，因此，运用一些技巧保持适度的压力，激励自己但又不伤害身体，显得十分重要。

(2) 性别因素。男女性别的差异是客观存在的，表现在生理和心理上有很多不同。男性觉得他们很难把时间充分分配到工作、家庭和休闲三个领域，而女性则在家务需求和工作需求的协调方面感到困扰。长期以来，由于社会的不断发展和不断选择，已经逐步形成了一些相对稳定的适合不同性别的职业类型，使个体更容易发挥性别优势。但这只是相对的，并非绝对的。个体在进行职业选择时应注意把自己的职业目标和自身性别特点结合起来，以便充分发挥自己的性别特长。

(3) 受教育程度。一般情况下，受教育程度反映了受教育者的知识水平和能力水平，是从事具体职业的基本条件之一。受教育程度虽然是事业成功不可缺少的因素，但对大多数的职业而言，也未必尽然。一般来说，企业需要的是既受过正规教育，又不受定式限制而有发展潜力的人。

(4) 心理因素。职业选择是个人快乐原则与现实原则相结合的结果。个人应在人格与冲动的引导下，通过升华作用，选择可以满足自身需要与冲动的职业。职业指导应着重于"自我功能"的增强，因此，个人的价值观、兴趣、性格、气质等因素对职业生涯有直接影响。责任心强、自信心十足的人能够审时度势地选择适度的目标，并持久、自信地追求目标，事业也容易成功。若心理问题获得解决，则包括职业选择在内的日常生活问题将可顺利完成而不需再加指导。

2. 社会因素

社会因素对每个人的职业生涯乃至发展都有重大的影响。要注重分析社会大环境，了解国家和地区的政治、经济、文化等建设发展方向，寻求各种发展机会。影响职业生涯的社会因素包括以下几个方面。

(1) 社会阶层。人类社会存在着严格的层次划分，像金字塔一样分明。每个社会都存在不平等，差别在于划分原则不同，有的是基于信仰，有的是基于经济状况，有的则是基于教育状况。社会阶层是相对封闭的一种形态，因为人们往往只喜欢和同一阶层的人聚合。社交圈为某一类的人提供机会，"生存机会"多半由社交圈决定。虽然社会阶层深深地影响着个人的职业生涯，但是社会阶层并非牢不可破。事实上，要提升自己的社会地位，加入工作及生命旅程的新阶层中，学习和奋斗就是非常重要的因素。尽管企业仅根据社会阶层挑选员工的状态已发生了根本改变，但是，社会阶层在目前仍是个人职业生涯的制约因素。

(2) 经济发展水平。在经济发展水平高的地区，企业相对集中，优秀企业就比较多，个人职业选择的机会也比较多，因而有利于个人职业的发展；反之，在经济落后的地区，职业选择的机会就比较少，个人职业生涯的发展也会受到限制。

(3) 社会文化环境。社会文化环境是影响人们行为、欲望的基本因素，主要包括教育水平、教育条件和社会文化设施等。在良好的社会文化环境中，个人能受到良好的熏陶，从而为职业生涯打下更好的基础。

(4) 价值观念。一个人生活在社会环境中，必然会受到社会价值观念的影响，大多数人的价值取向在很大程度上被社会价值取向所左右。一个人的思想发展、成熟的过程，其实就是认可、接受社会价值观念的过程。社会价值观念正是通过影响个人价值观念而影响个人职业选择的。

(5) 政治制度和氛围。政治和经济是相互影响的，政治不仅影响一国的经济体制，而且影响企业的组织体制，从而直接影响个人的职业发展。政治制度和氛围还会潜移默化地影响个人的追求，从而对个人的职业生涯产生影响。

分析和了解影响职业生涯的社会因素，有助于个体制订正确的职业生涯规划，使个体在变化的社会环境中不断取得职业生涯的新发展。

3. 环境因素

环境对个人的职业发展有直接或间接的影响，它能左右人们从事的行业，改变人的发展轨迹。

(1) 地理环境。地理环境对职业发展的影响常常被人们低估，其实才能符合环境需要的人比在不利环境中尝试推销自身能力的人有更多的机会。居住在贫困落后地区的人最能理解地理环境对机会的影响。所以，有事业心的人应该选择能提供自身所需机会的地点居住。

(2) 行业环境。行业环境会直接影响企业的发展状况，进而影响个人的职业生涯发展。正确分析行业环境有利于个人选择有发展前景的行业和职业，有助于个人的职业目标更好地实现。首先，要对行业发展现状进行分析，了解自己现在从事的是什么行业，这个行业是一个逐渐萎缩的行业还是一个朝阳行业。其次，要了解国际、国内重大事件对该行业的影响。最后，要对行业发展前景进行预测。可以从两个方面进行预测：一方面是行业自身的生命力，是否有技术、资金支持等；另一方面是考虑和研究国家针对相关行业的政策。

(3) 企业内部环境。企业内部环境对个人的职业生涯有直接的影响。所有人都处于企业的小环境之中，个体的发展与企业的发展息息相关。对企业内部环境进行分析，可以使个体及时了解企业的发展状况、前景，把个体的发展与企业的发展联系在一起，并融入企业，以利于个人作出有利的职业生涯规划。

(4) 企业文化。企业文化是全体员工在长期生产经营活动中形成并共同遵循的最高目标、价值标准、基本信念和行为规范。企业文化体现了一个企业组织和其员工的关系，故员工的职业生涯是被企业文化所左右的。一个主张员工参与管理的企业显然比一个独裁的企业能为员工提供更多的发展机会。当然，如果一个人的价值观与企业的文化有冲突，那么他将难以适应企业文化，在企业中难以得到发展。比如，渴望发展、追求挑战的员工很难在论资排辈的企业中受到重用。所以，企业文化是个人在进行职业生涯规划时要考虑的重要因素。

(5) 企业制度。企业员工的职业发展归根结底要靠企业的管理制度，包括合理的培训制度、晋升制度、绩效考核制度、奖惩制度、薪酬制度等来保障。企业价值观、企业经营哲学也只有渗透到制度中，才能得到切实的贯彻执行。没有制度或者制度定得不合理、不到位的企业，其员工的职业发展就难以保障。

(6) 企业领导人的素质和价值观。企业的文化和管理风格与企业领导人的素质和价值观有直接的关系。企业经营哲学往往就是企业领导人的价值观。企业主要领导人的抱负及能力是企业发展的决定因素。

(7) 企业实力。企业在本行业中是具备很强的竞争力，还是处于一个很快就会被并吞的地位，发展前景是什么，这些问题对个人的职业生涯有直接影响。在激烈的市场竞争中，最大、最强的企业也不一定能生存，即不是强者生存而是适者生存。

第四节　职业生涯如何规划

每个人都希望自己事业有成、功成名就。可是，总有人感叹：理想很丰满，现实很骨感。当丰满的理想遭遇现实的骨感，我们是否真的无能为力？行之有效的职业生涯规划能充分调动个体的积极性，帮助个体发掘自身潜能，走向成功。对于大学生来说，职业生涯规划有助于他们挖掘潜力，提升综合素质，提前做好职业准备，为他们的职业发展奠定基础。

一、职业生涯规划的含义、特征与意义

（一）职业生涯规划的含义

职业生涯规划是指在个人发展与组织发展相结合的基础上，对决定一个人职业生涯的主客观因素进行分析、总结和测定，将自己的兴趣、爱好、能力、特质与社会发展、时代要求相结合，确立职业发展目标，并选择实现这一目标的职业，编制相应的工作、教育、培训的行动计划，对每一步骤的时间、顺序和方向做出合理的安排。

职业生涯规划不是一蹴而就的，它贯穿于人的一生，对一个人的发展起着十分重要的作用。因此职业生涯规划就是为自己的未来人生绘制蓝图，它能帮助人们了解自我，发现自己的长处与优势，根据自己的主客观条件找到适合自己的职业并实现自己的职业发展目标。

（二）职业生涯规划的特征

职业生涯规划有以下几个基本特征：

(1) 可行性。规划要有事实依据，切实可行，而且符合自己的条件。所以职业生涯规划必须依据个人实际情况及所处环境的现实来制订，而不仅仅是一份计划，一些不着边际的幻想。我们所制订的计划必须具有可行性，可实施。比如有的同学一心想入职就做管理者，要知道用人单位提拔管理干部需要经验的积累以及多年的考察，不可能仅仅因为你曾经作过学生干部就直接安排你做管理者。

(2) 适时性，或者是阶段性。职业生涯规划是对未来的职业生涯目标和未来职业行动的预测。因此，各项活动的实施及完成时间都应该有时间和顺序上的妥善安排，以便作为检查行动的依据，可随时根据职场上的变化对照原定的计划进行检查和及时调整。

(3) 灵活性。规划未来的职业生涯目标与行动涉及很多不确定因素，因此，规划应有弹性。随着外界环境的发展和自身条件的变化，个人应及时调整自己的职业生涯规划方案，使个人的发展与社会需求相适应，一定要跟上时代发展的脚步，顺应社会需求，才不至于被淘汰。

(4) 连续性。职业生涯规划一般分为短期、中期、长期规划，这种由短及长的规划不

是单独孤立存在的，而是有连续的、递进的、发展的关系，体现出生涯规划每个阶段的衔接性。在规划执行过程中，包括为了实现总目标而分阶段实现一系列承前启后的短期目标。比如你想当一名执业药师，规划中就要清楚执业药师需要哪些方面的能力，需要考取哪些资格证书，据此制订一个具有连续性的整体规划来保证目标的实现。具体来说，需要将规划中的最终目标按一定顺序分为一个个短期目标，然后逐个实现，将规划的连续性覆盖整个规划的执行过程。

（三）职业生涯规划的意义

职业生涯规划的目的就是要实现"我想做什么"与"我能做什么"的有机结合，帮助个体将自己的优势最大程度地发挥出来，最大程度地满足个人需求。因此职业生涯规划的意义是在正确认识自我的基础上确立职业发展目标，挖掘自身潜能，不断提升自身综合素质，为将来的职业发展夯实基础。

(1) 有利于个体正确认识自己。古人云："知仁者智，自知者明。"通过认真分析自我，促使自己更积极、客观地认识自我，才可以明确自己的能力、兴趣、经验、性格、价值观、优势和劣势，才可以清楚地知道自己的能力和素质与职业要求的差距，进而确立合适的职业发展目标和路径，不断提升自己的综合素质，最终实现个人的全面发展。

(2) 有利于激发个人潜能，增强职业竞争力。职业生涯规划帮助个体确定职业发展目标，个体在目标的指引和激励下自觉制订自己的学习和能力培养计划。这些计划会使个体保持一种适度的紧张状态，减少惰性的影响，通过深入挖掘自身各种潜能，努力将这些计划付诸实践，提升自己的综合素质和竞争力。

(3) 有利于个体选择合适的职业发展路径。职业生涯规划帮助个体在正确认识自己的基础上，理性地选择自己的职业发展路径，在大学毕业时不会在继续深造与就业之间犹豫不决，也不会在择业时盲目攀比，会运用自己掌握的职业生涯规划的知识、技术和方法，在能发挥自己的特质与能力的前提下结合社会发展需要与时代要求，理性选择一条适合自身的职业发展路径。只有走适合自己的职业发展道路才会取得事业上的成功。

二、职业生涯规划的基本要素与方法

一份好的职业生涯规划能帮助个体（尤其是青年）充分认识自己，客观分析环境，科学地树立目标，正确地选择职业，运用适当的方法，采取有效的措施，克服职业生涯中的艰难险阻，避免人生低谷，从而获得事业成功。在进行职业生涯规划时，还要选择合适的方法。

（一）职业生涯规划的基本要素

凡事预则立，不预则废。有效的职业生涯规划可以使我们的发展更有目的性与计划性，为我们过上一种全新的生活方式确立努力方向，也为实现自我价值创造机会。我们可以按计划行事，及时调整目标，最终走向成功。要做好职业生涯规划需要考虑以下几大要素：知己、知彼、抉择、行动。

(1) 知己。做好职业生涯规划，首先要了解自己。正确认识自己的外貌形象、兴趣爱好、能力特长、个性特征以及遗传、家庭、学校、社会等对自己的影响。

(2) 知彼。俗话说，知己知彼才能百战不殆。在了解自己的基础上，还需要了解外在环境。即对能够从事的职业的特点、要求、工作内容，行业发展前景，就业的渠道，工作条件与待遇，人际关系，以及社会发展需求、时代特点等进行全面了解。

(3) 抉择。在知己知彼的基础上，对可能的方案进行权衡和比较，分析其中的优势、劣势、阻力和助力等，选择更有助于自身发展的方案。

(4) 行动。行胜于言，如果只有美好的愿望和目标，没有把规划付诸实践，那也只是徒劳。只有按照规划方案采取积极行动，事业才有成功的可能。

（二）职业生涯规划的基本方法

1. 利弊权衡法

因为个人在进行职业生涯规划时会面临许多选择，众多选择会对个人的职业生涯决策产生干扰，造成选择上的困难，以至于让人感到难以操作。利弊权衡法就是让个人在进行职业生涯规划时，尽可能详细而具体地从各个角度评估分析各种选择方案，对各种方案实施的结果及可能产生的利弊得失列出详细清单，再进行预测与分析，对这些利弊得失的可接受性做出评价和预判，最终做出最佳选择。

2. "五步法"

"五步法"简单易行，就是有关五个"W"的归零思考模式：① Who am I；② What do I want；③ What can I do；④ What can support me；⑤ What can I be in the end。通过综合回答上述五个问题，找到它们之间的最大共同点，就能制订出自己的职业生涯规划。

为了回答第一个问题"我是谁"，需要对自己做一个梳理，想想自己到底是什么样的人。问题的提出是希望个体对自己能有一个清醒的认知，认知内容可以包括个人兴趣爱好、性格倾向、身体状况、家庭影响、教育背景、专业特长、过往经历和思维能力等，通过自我反思，对自己有一个全面准确的评价和定位。

第二个问题"我想干什么"是职业发展的心理趋向检查。也就是说在进行职业生涯规划时，要搞明白自己到底想要什么，在目标职业中希望得到什么。如果一个人确定了某种职业目标，就很容易迸发出强大的行动力，推动自己发掘全部潜能朝着既定目标努力。

第三个问题"我能干什么"是与个人能力和潜力有关的问题。一个人职业定位最根本的要素归结于他的能力，而职业发展空间的大小则取决于他的潜力。对于一个人潜力的了解应该从几个方面着手去认识，如对事的兴趣、做事的韧性、遇事的判断力以及知识结构是否全面、是否及时更新等。

第四个问题是"环境支持或允许我干什么"。这种环境支持在客观方面包括本地的经济发展、人事政策、企业制度、职业发展空间等；主观方面包括个人的资源、同事关系、领导态度等，两方面的因素应该综合起来看。我们在做职业选择时常常忽视主观方面的因素，没有将一切有利于自己发展的因素调动起来，从而影响了自己未来的发展路径。

第五个问题是"我的最终职业目标是什么"。最终选择什么样的目标建立在综合分析的基础上，通过对前面四个问题的详尽回答解析，可找准自己的职业定位、职业选择和职业目标，最终形成自己有效的职业生涯规划路径。

3. SWOT 分析法

SWOT 分析法既可以帮助个体确立职业生涯目标，也可以帮助个体制订职业生涯规划。具体操作流程为：运用 SWOT 分析法分析个人技能、能力、职业偏好和职业机会，确定适合个人的职业生涯目标，进而制订出职业生涯规划。

所谓 SWOT 分析，即基于内外部竞争环境和竞争条件下的态势分析，就是将与个人密切相关的各种主要内部优势 (strenght)、劣势 (weakness) 和外部的机会 (opportunity)、威胁 (threat) 等，通过调查列举出来，并依照矩阵形式排列 (见表 4-1)，把各种因素相互匹配起来加以分析评估，从中得出一系列相应的结论。这些结论通常带有一定的决策性。运用这种方法，可以使个体综合分析自己的优势与劣势，对自己做出准确的评估，认识就业环境与职业环境前景，认清自己的机会与挑战，从而根据研究结果制订相应的发展规划及对策等。

表 4-1　个体职业决策 SWOT 分析矩阵

因素 1	优　势	劣　势
内部因素	个体可控并可利用的内在积极因素： (1) 明确的市场定位和良好的就业竞争力； (2) 丰富的专业知识和熟练的操作技能； (3) 优秀的个人特质 (如职业道德、自我约束、抗压能力、乐观积极等)	个体可控并可努力改善的内在消极因素： (1) 学历层次的弱势； (2) 缺乏工作经验； (3) 领导能力、人际交往能力、沟通能力和团队合作能力的欠缺
因素 2	机　会	威　胁
外部因素	个体不可控但可以利用的外部积极资源和因素： （1）良好的国家政策； （2）专业领域急需人才； （3）地理位置优势	个体不可控但可以使其弱化的外部消极因素： （1）严峻而复杂的就业形势； （2）更高学历层次竞争者； （3）工作晋升机会有限或者竞争激烈

三、职业生涯规划的步骤

职业生涯规划是一个连续的过程，具有前瞻性，需要遵循一定的步骤。职业生涯规划的步骤应包括自我评估与定位、职业环境评估分析、确定职业生涯目标、制订行动计划并实施、反馈与调整。

1. 自我评估与定位

自我评估与定位是个体职业生涯规划的基础，也是能否获得可行规划方案的前提。一个人只有通过自我评估与定位，正确、深刻地认识和了解自己，才能对未来职业生涯做出最佳选择。

自我评估就是要对自己有一个清楚、全面的了解与分析，包括对自己的身体健康状况、兴趣、性格、能力、特长、学识水平、思维方式、价值观、思想道德品质及个人在社会中所处的位置等方面进行客观理性的审视。也就是说要弄清楚"我是谁""我想做什么""我能做什么"。通过客观分析，找出自己的优势与不足，找到自己的优势与职业兴趣的结合点。当然一个人对自己的认识往往是片面的，所以在进行自我评估与定位时，还应善于听取他人的意见。最好是将这两种方法结合使用。

2. 职业环境评估分析

职业环境因素对个人职业生涯发展的影响是巨大的。每个人都处在一定的环境之中，离开这个环境便无法生存与成长。作为社会中的一分子，我们需要顺应职业环境的需要，趋利避害，最大可能地发挥个人优势，实现个人目标。所以在制订个人的职业生涯规划时，要分析环境条件的特点、环境的变化发展情况、自己与环境的关系、自己在这个环境中的地位、环境对自己提出的要求以及环境对自己有利的条件与不利的条件等。只有充分了解这些环境因素，才能做到在复杂的环境中扬长避短，职业生涯规划才会有实际意义。

评估分析职业环境需要了解社会的政治制度及发展趋势、经济体制及经济发展水平、就业政策与制度、法治化水平等，还要了解社会发展趋势对自己感兴趣的职业的影响。其次，要分析与评估自己所选组织的外部环境，比如发展前景、在本行业中所处的地位、本行业的发展趋势等。最后分析与评估个人在本组织、行业中的人际关系，包括所处的环境、社会地位、社会关系等。对职业环境进行评估时，既要利用各种资源，也要倾听他人意见与建议。

3. 确定职业生涯目标

一个人职业生涯发展如何很大程度上由有无适当的发展目标决定，立志是人生的起跑点，反映出一个人的理想、胸怀、情趣和价值观，影响着一个人的奋斗目标及成就的大小。我们制订个人职业生涯规划，就是为了实现某种职业生涯目标，进而获得自己理想的生活，所以目标抉择是职业生涯规划的核心。在制订职业生涯规划时，首先要确立职业目标，这是制订职业生涯规划的关键，也是个体职业生涯中最重要的一点。

确定职业生涯目标就是在对自我与环境进行分析、评估的基础上，选择一个最能发挥自己的优势，最能避开自己的短板与不足，最能契合自己的兴趣、爱好与职业动机并在最有利的环境中发展的职业发展目标。通常情况下，目标可以分为短期目标、中期目标、长期目标和人生目标。我们可以首先根据个人素质与社会大环境确立人生目标和长期目标，然后通过目标分解将其分化成符合现实情况的中期、短期目标。

4. 制订行动计划并实施

在我们确定职业生涯目标后，目标能否达成关键看行动，所以就要制订相应的行动计划来实现它们。行动是关键环节，制订行动计划就如同设计我们攀登目标的阶梯。职业生涯规划需要目标落实的行动计划，并按照计划开始落实。这里所说的行动是指落实目标的具体措施，主要包括知识、能力、心理素质、身体素质等方面的培养与提升措施。实施策略与措施要具体可行，容易评估。例如，为达成目标，在学习方面，计划采取什么措施来提高学习效率、掌握哪些技能提高专业技术能力；在能力开发方面，计划如何提高自己的实践能力、准备采取什么措施激发自己的潜能等。

5. 反馈与调整

职业生涯规划具有动态性、连续性、循环性和反复性等特点。职业生涯规划的实施实际上是对其可行性的实践检验。在经济全球化的今天，各行各业的变化非常迅速，影响职业生涯规划的各种因素也在不断变化。因此，要根据自己的学习生活情况，对自己制订的职业生涯规划进行评估、调整与反馈，及时对出现问题的环节进行调整与完善。事实上，职业生涯发展就是"规划—实施—反馈与评估—调整与完善—再反馈与再评估—再调整与再完善"的过程。

职业生涯规划步骤流程如图 4-1 所示。

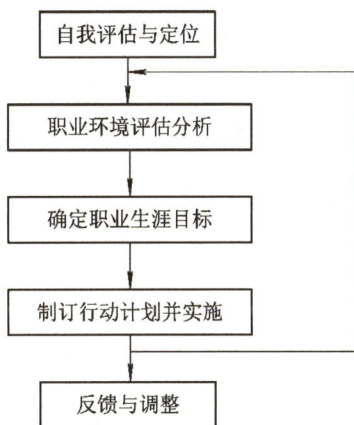

```
┌─────────────────┐
│  自我评估与定位  │
└─────────────────┘
         │
         ↓
┌─────────────────┐
│  职业环境评估分析  │
└─────────────────┘
         │
         ↓
┌─────────────────┐
│  确定职业生涯目标  │
└─────────────────┘
         │
         ↓
┌─────────────────┐
│  制订行动计划并实施  │
└─────────────────┘
         │
         ↓
┌─────────────────┐
│    反馈与调整    │
└─────────────────┘
```

图 4-1　职业生涯规划步骤流程

第五节　高职生的职业生涯如何规划

一、高职生职业生涯规划的特点

处于不同职业生涯发展阶段的人面对的环境要求不同，自身素质积累不同。因此，个人的职业生涯规划应根据规划时的所处阶段、职业发展现状进行。高职生正处于职业的准备和起步阶段，与已工作过一段时间的职业者的职业生涯规划相比，高职生的职业生涯规划有其自身的特点。

（一）现实性与长期性相统一

高职生在设计职业生涯规划时，必须根据自身特征、社会环境、组织环境及其他相关因素，选择可行的目标和途径，使职业生涯规划更贴近现实；同时立足长远，推断未来可能的工作方向与机会，为自己的发展选定方向，筹划未来，用发展的观点确立自己的奋斗目标，指导自己择业。因此，职业生涯规划应该做到长远目标与近期目标相结合，具有更强的可行性、可操作性。

（二）具体性与可行性相统一

由于每个高职生能力、性格、职业发展愿望等不同，因此职业生涯规划的设计是因人而异的、具体的。同时，制订职业生涯规划一定要充分分析内外相关因素，职业生涯规划各阶段的路线选择、目标和实现目标的途径必须具体，这样的职业生涯规划才切实可行，成功的概率才会大大增加。

（三）清晰性与适应性相统一

高职学生职业生涯规划需要有明确的职业目标，有目标才有努力的方向。高职学生就业形势日益严峻，"先就业后择业"的就业观念已被多数学生接受，就业计划赶不上变化的情况越来越普遍。这就要求高职生职业生涯规划要处理好计划与变化、清晰性与适应性的关系，处理好单一目标、单一方案与多目标、多方案之间的关系，实现职业生涯规划清晰性与适应性的统一，提高实现职业目标的概率。

（四）连续性与可度量性相统一

包括高职生在内所有个体的职业发展历程都是连贯衔接的统一体。进行职业生涯规划设计不能割裂个体完整职业发展历程，而应该通过职业生涯规划设计实现个体在职业生涯中的持续发展。职业生涯规划设计不但应设计出总的职业发展目标，还应制订具体的阶段性步骤，要有明确的时间限制和标准，以便在达到职业生涯目标的过程中随时进行阶段性的度量和评价，为职业生涯目标的调整提供信息。

二、职业生涯规划对高职生成才的影响

人只有树立了明确的目标，才能向着目标的方向努力，才能有意识地收集有关素材创造有利条件，使事业尽快获得成功。一个人的过去并不重要，关键是迈向下一步的方向。无数成功人士的成长经历告诉我们：一个人无论从事什么职业、什么工作，只要通过科学的规划，并按规划去实施，目标就有可能实现，从而获得事业上的成功。职业教育阶段虽然算不上职业生涯的阶段，却是职业生涯的准备期。一个人在职业教育阶段为自己未来的

职业生涯准备得如何，对其未来的职业发展有着非常重要的影响。职业生涯规划对高职生个人发展的影响主要有以下几点。

(1) 职业生涯规划有助于调动高职生在校期间学习的积极性，提升其综合素质。理论是实践的航标，专业知识是职业发展的基石。劳动者自身综合素质的高低，对生产发展和社会进步有着决定性的影响。高职生毕业后会从事专业性较强的工作，必须有过硬的专业理论和技能优势。职业生涯规划能够帮助学生更好地规划未来，一份科学有效的职业生涯规划能够使学生明确自身学习的主体地位，帮助学生明确在校期间的阶段性目标即学习和能力培养计划。有了目标，学生就会如饥似渴地追求知识，充实自己，完善自己，整个大学阶段的学习和生活就会由被动变主动，有利于不断夯实自身专业知识和技能，不断提高自身综合素养。

(2) 规划职业生涯有助于高职生进一步了解社会，增强就业竞争力。过去人们把高校比作象牙塔，把大学生比作天之骄子，生活在象牙塔内的大学生们常常缺乏对社会、对外部职业资讯的了解。在职业生涯规划过程中，高职生需要不断获得外部信息（包括职业、组织、社会等多方面内容），由此了解社会和用人单位的需求，拉近个人与社会的距离。获得的外部信息越多，心理上的准备也就越充分，在规划自己未来发展的时候，能够根据社会的需要考虑眼前利益和长远发展的关系，增强自身在就业市场中的优势，从而能更加合理地规划自己的职业生涯。

(3) 职业生涯规划有助于高职生理性选择职业发展道路。由日常经验得知，很多高职生在面临职业选择时往往存在两种倾向：一是按照升学惯性，选择继续深造，但目的并不明确；二是在找工作时盲目攀比，受他人价值观影响严重。如果对自身进行一番职业生涯规划，将使自己的职业选择更加理性，因为职业生涯规划能够帮助我们明确自身需要，掌握职业生涯开发与管理的知识与技能，从而帮助我们在遵循自身个性特点、能力优势的基础上，结合社会需要真正选择一条适合自身发展的职业道路。我们只有选择了适合自己的职业发展路径，才有可能将个人能力、优势充分发挥出来，将来取得事业成功的概率才会更大，速度才会更快，对社会的贡献才会更多。

"不经历风雨怎么见彩虹，没有人能随随便便成功。"成功需要积累，需要抓住机遇，而机遇往往只青睐有准备的人。命运的改变不是一朝一夕、一夜之间就能完成的，事业的成功也一样。如果你经常设想五年以后、十年以后要做什么，想象一下你的未来是什么样子，然后设定一个职业发展目标，在这五年或十年里紧紧围绕这个目标去做你该做的事情，那么你的未来一定不是梦。

三、高职生职业生涯规划书的撰写与管理

职业生涯规划书是职业生涯规划的书面形式，用书面形式呈现学生对自己的职业生涯发展目标的选择、实施计划与行动方案，可以在具体的学习和工作中起到指导和监督作用。

(1) 职业生涯规划书的内容：封面、扉页、目录、自我分析、环境分析、职业目标定位、

具体执行计划、评估与调整、结束语。

(2) 职业生涯规划书的写作要求:

① 封面:封面要写明作品名称和年、月、日,也可以在封面插入图片和警示格言。

② 扉页:扉页一般写明个人资料,包括姓名、基本情况、规划年限、年龄跨度、起止时间。其中规划年限不分长短,可以是半年、三年、五年,甚至是二十年,视个人的具体情况而定。建议高职生职业规划年限为3~5年。

③ 目录:通常,职业生涯规划书篇幅都较长,为方便阅读,应编制详细目录。职业生涯规划书的目录要做到各部分序号、标题明晰,并且与正文一致,对应页码准确。

④ 自我分析:一个有效的职业生涯规划必须在充分且客观地认识自己、了解自己的基础上进行。自我分析就是全面、客观地剖析自我,充分了解自己的优势和劣势,包括分析自己的兴趣、特长、性格、学识、技能、智商、情商、职业价值观等。弄清楚我想干什么、我能干什么、应该干什么等。职业生涯规划书的自我分析中可以包括以下内容:

- 个人职业倾向分析——喜欢干什么。

- 个人特质(性格)——适合干什么。

- 个人职业能力——能够干什么。

- 个人经历回放。

- 自我评估小结。

分析自我时要将自我评估和他人评估相结合,对自我分析结果进行总结,明晰自身优势与劣势。

⑤ 环境分析:对影响职业选择的外部环境进行较为系统的分析,评估环境因素对自己职业生涯发展的影响,分析环境条件的特点和发展变化情况。了解本专业、本行业的地位、发展形势及发展趋势。职业生涯规划书的环境分析中可以包括以下内容:

- 社会环境分析——就业形势、就业政策、竞争对手等。

- 学校环境分析——学校特色、专业学习、实践经验等。

- 家庭环境分析——家庭经济情况、家人期望、家族文化以及对本人的影响等。

- 行业环境分析——行业现状及发展趋势。

- 岗位分析——岗位工作内容、工作要求、发展前景、人岗匹配度分析。

- 就业单位分析——单位类型、发展前景、发展阶段、单位匹配度等。

- 工作地域分析——期望工作所在城市发展前景、文化氛围等。

- 环境分析结论——在进行全面、客观、正确的环境分析后进行分析小结。

⑥ 职业目标定位:综合自我分析及环境分析的主要内容分析内部因素的优势、劣势和外部环境因素的机会、威胁,确定本人职业方向、各阶段职业目标和总体目标、职业发展路径等内容。职业生涯规划书的职业目标定位中可包括以下内容:

- 明确可选的职业目标——经过反复权衡确定。

- 职业评估与决策——经过多次分析和反复调整。

- 职业生涯路径设计——注意长期目标和短期目标相结合。
- 职业定位结论——做好备选调控方案，可以有效应对社会、环境变化。

可将职业目标分成长期、中期和短期三个规划期，并对各个规划期及要实现的目标进行分解。

长期目标：毕业后十年或十年以上达到的总目标（如35岁时要达到的目标）。长期目标通常比较粗略、不够具体，可能随着内外部环境的变化而变化，在设计时以勾画轮廓为主。

中期目标：毕业后五年达到的总目标。

短期目标：通常是职业教育三年内要达成的目标，是中期目标和长期目标的具体化，是最清晰的目标。

⑦ 具体执行计划：

- 长期、中期、短期职业生涯规划——应特别强调在校期间的生涯规划。
- 各阶段计划的分目标、计划内容——专业学习、职业技能、职业素养等。
- 计划实施策略。

⑧ 评估与调整。影响高职生职业生涯规划的因素有很多。有的变化因素可通过各种方法进行比较准确的预测，有些诸如经济发展和社会环境因素等难以进行有效的预测和判断。这些不确定因素的存在会使职业生涯规划的具体执行过程与原本设定的目标出现偏差，这就需要同学们认真检查职业生涯规划的目标和执行过程，并做出适当的修改和调整。如：

- 可能存在的风险——社会环境的改变，身体、家庭经济状况以及机遇、意外情况等。
- 预评估的内容——是否需要重新选择职业、是否需要调整发展方向、是否需要改变行动策略等。
- 风险应对方案——职业生涯规划既要有挑战性，又要有可行性，同时职业生涯规划的调整应遵循职业关联原则、目标导向原则和可操作性原则。

⑨ 结束语（略）。

拓展阅读

职业生涯规划案例

一、个人评估

1. 自我评估

我认为本人善于与人沟通，富有同情心，而且注重自身动手能力的培养。现在是一名在校就读的护理专业学生，学校注重护理技能实际操作能力的培养，我受益良多。我认为我的护理技能得到了很快提升。但是，我的理论知识欠缺，还需要阅读大量的专业书籍，丰富自身理论知识，以更好地适应市场竞争。

2. 评估结果

自我评价优点：善于与人交往，个性开朗，容易感染他人。缺点：办事不够细心，个性直率，有点冲动。

家人评价优点：关心他人，有同情心，动手能力较强。缺点：做得总比想得快，往往做无用功，有时脾气太暴躁。

老师评价优点：关心集体，善于与同学交流，喜欢帮助人。缺点：做事不够细心，耐心不够。

同学评价优点：很好的聊天对象，很可爱善良。缺点：不喜欢麻烦事，有时候性子太急。

小结：通过各项分析，我了解了自己职业能力上的优点与不足。语言表达能力优秀，但细心程度不够，记忆能力不足，应多读书多记忆，增强记忆能力，并不断补充知识。

3. 自身发展条件

家庭分析：家里主要是以父母从事农业生产来维持生活，属于中下等经济水平，生活条件一般，但全家人过得很开心，因为我家是一个团结和谐的家庭。爸爸是很通情达理的人，妈妈有点唠叨，父母都很关心我。

学习基础：中上水平。对于所有科目来说，除了英语，其他科目都比较好。因此，为了克服英语的难点，可以给自己设置一个英语环境，坚持"多听""多读""多写"，那么我的英语水平在不断地努力下肯定会有很大提升，并且会很出色。

学校环境分析：学校有悠久的历史，良好的校风、教风和学风，优美的生活学习环境，丰富多彩的校园文化氛围。

二、职业分析

(1) 社会一般环境：中国政治稳定，经济持续发展。在全球卫生事业发展迅速的形势下，我国卫生事业也在突飞猛进地发展，所以我国高素质的医学人才辈出。

(2) 卫生职业特殊社会环境：中国卫生事业的发展需要更多高素质、高技术、高能力的医学人才，特别是临床经验丰富的医护人才。

(3) 行业环境：就中国医疗体系中的医护比例而言，中国仍需要大量的临床护理工作者，临床护士的市场需求较大，对于具有丰富的理论知识、扎实娴熟的护理技术的临床护士更是急需。

三、确定目标及制订计划

根据自己的兴趣和所学专业，在未来应该会向护理和英语两方面发展。围绕这两个方面，本人特对未来作初步规划如下：

(1) 2022—2024 年学业有成期。充分利用校园环境及条件优势，认真学好专业知识，培养学习、工作、生活能力，顺利完成实习，全面提高个人综合素质，并为就业做好准备。

(2) 2024—2027 年熟悉适应期。利用 3 年左右的时间，经过不断地尝试努力，初步找到适合自身发展的工作环境、岗位。

这一期间的主要完成内容：

①学历、知识结构：提升自身学历层次，通过自学考试等方式从专科走向本科，专业技能熟练。考过英语四级，开始接触社会、工作，熟悉工作环境。

②个人发展、人际关系：在这一期间，主要做好职业生涯的基础工作，加强沟通，虚心求教。

③生活习惯、兴趣爱好：适当交际的环境下，尽量形成比较有规律的良好个人习惯，并参加健身运动，如散步、跳健美操、打羽毛球等。

(3) 2028 年以后事业上升期。在单位努力工作，虚心求教，不断拼搏创新，做出一点成绩，职位步步高升。努力学习和进修，晋升职称，并获取一定的临床经验。

四、职业差距

(1) 护理基础知识不是太扎实，英语基础较差，离目标还有一定的距离。

(2) 做事情的反应不够敏捷，动手能力还有待提高。

(3) 技术比较生疏，缺乏创新能力，适应能力较差。

五、缩小差距的方法

(1) 利用今后的在校时间，为自己补充所需的知识和技能，包括参与社会实践活动、广泛阅读相关书籍、认真上好相关课程或网课、报考技能资格证书。

(2) 充分利用毕业前的实习时间，进一步巩固相关的技术，并且不断地学习新技术，丰富自我。锻炼自己的注意力，使自己在嘈杂的环境里也能思考问题，正常工作。

(3) 在校期间多和老师、同学讨论交流，毕业后选择和其中某些人经常进行交流。常参加一些交流会、联谊会等，不断积累经验，向其他人"取经"。充分利用自身的工作条件扩大社交圈，广泛学习。

六、反馈与调整

计划固然好，但更重要的是具体实践并取得成效。每个人都有自己的梦想，但没有实际行动的梦想就只是妄想而已。任何目标，只说不做到头来都会是一场空。同时，现实生活中存在着众多不断变化的因素，制订出的目标、计划随时都可能受到影响。在遇到突发情况时，要保持清醒的头脑，冷静地处理突发情况，能解决的尽量解决，不能解决的要使危害降到最低。根据实际情况，把握准方向，及时做出调整。

▶▶ 🎙 思考题 ·······

1. 谈谈你对职业、职业生涯、职业生涯规划的理解。

2. 简述职业生涯规划对高职生成才的影响。

3. 职业生涯规划的方法与步骤有哪些？

4. 请根据你的学习专业和职业兴趣，制订你的大学生职业生涯发展规划。

第五章

就业选择与求职准备

学习目标

1. 熟悉招聘信息的搜集整理技能。
2. 掌握解读招聘信息的方法。
3. 了解求职材料，掌握个人简历的书写。
4. 了解面试类型，掌握面试技巧。

学习重点

获取招聘信息、解读招聘简章、制作简历、面试技巧。

学习难点

主动寻求就业机会的执行力、制作简历、面试技巧。

第一节　就业信息搜集与整理

一、了解招聘信息

在现实中，有很多大学生因为不了解求职的"黄金时期"，没有平衡好实习、升学、就业的关系而成为人才市场中的"过期"就业者。比如，很多学生实习末期才开始考虑求职就业的事情，在获取到招聘信息的那一刻才开始纠结于在哪个地区找工作，纠结于自己倾向技术岗、行政岗还是销售岗，自己的简历没有完善，面试也没有准备，导致手忙脚乱，从而错失就业机会。还有一些同学一门心思"专升本"，两耳不闻窗外事，导致一旦考试失利便错过了就业的最佳时机。因此，了解招聘的规律，把握住求职"黄金期"有助于我们为自己将来的发展做出更好的选择。

每年 11～12 月（对于大三学生来说就是实习中期）是一个求职"黄金期"，主要求职方向有以下三个：

(1) 校园招聘的高峰期：一般情况下学校的招聘会（包括全专业类，也包括部分专业的专场招聘）都会集中在 11～12 月。

(2) 专升本考试：专升本考试报名、专业课考试一般会在 12 月份开展，而文化课考试往往会在转年 3 月份组织。

(3) 社会上的行业招聘：社会上各个行业的大型专场招聘会也在这个阶段举办。

每年 12 月至次年农历新年之前（第一个就业高峰），经过校园招聘会、行业招聘会、各种线上线下的招聘选拔后，第一个就业小高峰来临，部分专业的同学可以在这个阶段利用转实习的政策提前在单位入职，抢占住岗位。

次年 3～4 月（第二个就业高峰），3 月中旬各专业陆续结束实习，各单位在 12 月如果没有招聘到满意的学生或者入职者有流动性，则人力部门在农历新年后开始新一轮招聘。新人入职后一般情况下会有 1～3 个月的试用期，作为学生和用人单位互相评价、磨合的过渡期。应届毕业生最早和用人单位签订劳动合同的月份为 7 月（毕业生 6 月底拿到毕业证书）。

所以根据求职"黄金期"的规律，应届毕业生应在 11 月就开始投入到工作求职中。

二、如何获取招聘信息

（一）学校就业指导中心

学校的毕业生就业指导中心专门从事毕业生就业工作，它是毕业生获取求职信息的主要渠道。

(1) 校园招聘会/校园专场招聘会。在每年毕业生就业阶段，学校毕业生就业指导中心会有针对性并及时地向各个用人单位发布毕业生资源信息函，并以电话联系和参加各种信息交流活动等方式征集大量的需求信息。将信息梳理归纳后根据用人单位的实际情况在每年 12 月左右组织校园招聘会。

(2) 学校就业指导中心或各系发布的招聘信息。从 11 月开始，就业指导中心就开始根据用人单位需求以及学生所在专业通过就业负责人和辅导员发布就业信息，在毕业生和用人单位之间架起一座信息桥梁，从而使毕业生获得许多就业信息。这些信息数量大，针对性、准确性、可靠性都较强，学校将收集的就业信息及时加以整理，随时向毕业生发布。

（二）招聘网站

大学生常用的招聘网站一般包括两类：全国性就业服务网站、地方部门主办的毕业生就业网站。

1. 全国性就业服务网站

常用的全国性就业服务网站有"国家大学生就业服务平台""人才职业网""应届生求职网""全国大学生创业服务网""中国公共招聘网"等。

2. 地方部门主办的毕业生就业网站

地方部门主办的毕业生就业网站主要有"北京高校大学生就业创业信息网""天津市大中专学校就业信息网""河北省大中专毕业生就业创业服务信息网""辽宁省就业人才服务网""黑龙江省大学生就业创业服务平台""江苏省高校毕业生就业服务平台""山东高校毕业生就业信息网""云南高校毕业生智慧就业平台""陕西省学生就业与留学服务中心"等。

（三）社会关系网络

社会关系网络也是职业信息的重要来源。在校大学生的社会关系一般可以分为两类：一类是自己的亲属和与父母相关的社会关系，包含所有血缘上的亲人和父母的同事、同学、校友、朋友等；另一类是自己的老师、同学和校友。同学们可以尽可能多地找一些已经在行业工作的"师兄""师姐"，了解行业或岗位情况，或许这并不能直接帮大家找到工作，但至少能使你得到一些有关企业的信息。近几年毕业的校友更有获取、比较、选择、处理职业信息的经验和竞争择业的亲身体会，这比一般纯粹的职业信息更有参考利用价值。

（四）社会实践或实习

学校的社会实践、见习和实习活动与学生在学校所学专业知识紧密联系，有利于学生开阔视野、接触社会、体验职业，使学生真正了解各种单位的情况、对人才需求的状况和具体要求，是学生了解社会的一种有效方式。

学生可以通过实习增加经验，积累人脉，为将来的就业做准备。学生在选择实习单位的同时，一定要和职业生涯规划结合起来，为自己将来的求职积累信息和资源。

三、招聘简章解读

我们在解读招聘简章时应注意以下几点。

(1) 时间限制：同学们要注意招聘信息中的招聘日期，一旦看准就要有所行动，要在单位招聘的时间节点内进行应聘。但各单位也会存在第一批招聘没有招满或后期有新入职员工离职的情况，所以时间限制也不是非常地严格，过了时间也可打电话询问用人单位，主动争取岗位。

(2) 专业对口或相关：由于医学类专业大多拥有专业壁垒，所以相比于不限专业的岗位，专业对口或相关有助于同学们提升就业竞争力。在医疗改革背景下，医疗卫生行业岗位流动性不断增加，同学们的第一份工作并不是最后一份工作，所以在岗位选择期间，可以多考虑自己的优势、将来的发展，从实际出发，一步一个脚印地开启职业生涯，切莫好高骛远。

(3) 了解市场需求，指导自我提升：通过分析招聘信息，明确自身不足，有针对性地提升自我。

【思考】如何探索就业目标对应的就业能力？

以 ××× 单位招聘信息为例：

岗位：康复治疗师。

岗位职责：

(1) 参与患者的<u>康复评估</u>，完成各项功能的康复评定及<u>记录</u>；

(2) 负责为患者<u>制订康复理疗方案</u>、<u>实施</u>治疗计划；

(3) 负责康复治疗前期、中期、后期的<u>康复评定</u>，及时<u>调整改进</u>康复治疗方案；

(4) 负责康复<u>宣教</u>，治疗前跟患者及家属<u>沟通</u>，得到家属与患者的配合及信任；

(5) 负责康复<u>病例</u>及康复<u>治疗记录书写</u>；

(6) 负责康复<u>理疗仪器</u>的<u>存放</u>、<u>消毒</u>、<u>维护管理</u>；

(7) 确定治疗的种类、剂量、疗程、禁忌证，严防差错事故，做好<u>医疗安全</u>工作。

任职要求：

(1) 大专及大专以上学历，康复治疗学或康复治疗技术专业；

(2) 熟练掌握<u>神经康复</u>与<u>骨科康复</u>治疗相关技能；

(3) 具有高度的<u>责任心</u>、良好的<u>职业道德</u>、足够的<u>耐心</u>及<u>体力</u>。

分析：

从以上招聘信息可以明确该用人单位的岗位需求，将划线的相关要求进行梳理可以得出：

(1) 专业能力方面：康复评估、制订理疗方案、康复评定＋调整改进、病例＋治疗＋记录、管理理疗仪器、确保医疗安全、神经康复＋骨科康复(每个用人单位侧重点不同)。

(2) 通用能力方面：宣教能力、沟通能力、责任心、职业道德、耐心、体力。

分析招聘信息有助于我们在大学期间对标行业、对标岗位、对标自己，有针对性地提升就业能力，经过有意识的锻炼和培养，在将来求职期间相比于普通毕业生更有竞争力。

四、警惕虚假就业信息

（一）虚假就业信息特征

(1) 岗位需求数量大，入门条件要求低，薪资待遇明显高于市场平均水平。

(2) 预留的公司地址不明确甚至没有地址，网站无法打开或长时间没有信息更新。

(3) 没有固定电话，或与公司联系后，马上被要求前往面试或试用。

(4) 需要交纳一定的报名费或者培训费。

(5) 要求完成某项工作后再考虑是否录用。

面对具有以上特征的信息，大学生需要提高警惕，认真辨别真假。

（二）传销陷阱的防范

传销作为社会的毒瘤急需被铲除。高职毕业生如何保持清醒的头脑、分辨传销隐患、避免上当受骗是初入职场的必备技能。高职毕业生在求职时应牢记以下几点。

(1) 天上不会掉"馅饼"，面对回报率明显高于投入的工作一定要小心。

(2) 无论传销的形式如何千变万化，其本质仍然是交纳一定数量的费用，发展下线入伙，以所谓的"业绩"作为获利依据。

(3) 当前传销形式的变种：一是以政府支持、投资项目为名，打着"资本运作""连锁销售"等旗号的聚集型传销；二是以"电子商务""网络销售""网络加盟""私募基金""原始股投资""人际网络""网上培训""点击广告即可获利"等名目的网络传销。

(4) 分辨传销的方法：一是所有投资因为受到各种因素的影响都会导致收益波动，所以绝对稳定无风险的投资是不存在的。二是所有资本的积累都有其周期性，不要相信短时间的暴富和轻易的"成功"；不断要求追加资本反复投资的项目都有传销风险；金字塔模式的利润分层结构是传销的基本特点。

面对传销人员或传销组织，切记不要轻易上当，只要不贪图便宜，不相信不劳而获，时刻保持清醒的头脑，就能有效避免坠入传销的陷阱。

第二节　求职材料的准备

一、个人简历

1. 基本信息

基本信息是求职者在告诉招聘单位"我"是谁，如何联系到"我"。基本信息一般包括姓名、性别、出生日期、最高学历、民族、政治面貌、现所在地、联系方式、照片等。这些信息并不是要全部出现在简历当中，但是很多同学不作区分，往往模板中有什么就填写什么。实际上个人信息包含必填信息和选填信息两部分。必填信息是简历基本信息中一定要有的部分，选填信息则可根据求职岗位的实际需要进行选择。下面我们举例来进行说明。

(1) 必填信息：姓名和联系方式（手机号码、电子邮箱）。简历上不需要有"个人简历"四个字，可以直接用姓名作标题，手机号码务必写对，电子邮箱一定要实名。

(2) 照片：简历上要放证件照，注意不要使用艺术照、文艺照等。证件照不要过度美化和精修。

(3) 籍贯：需要分情况进行讨论。如果应聘岗位的办公地点与求职者的籍贯是一个省份，那么可以写，如果不是，建议不写。例如籍贯是山东烟台，应聘的是山东青岛某公司的岗位，那么可以写明籍贯；如果籍贯是广东广州，应聘山东济南某公司的岗位，那么建议不写籍贯，因为面试官会衡量求职者的稳定性。其他选填信息也是根据实际情况来进行选择。

2. 求职意向

一般来说不写求职意向的为通用简历，写求职意向的是定制化简历。通用简历其实就是一份个人履历，也就是把个人所有的求职信息全部提供给用人单位，对求职意向没有特别倾向的求职者来说可以选用，其优点在于"全面"，而不足在于"缺乏针对性"。定制化简历是针对所应聘职位的具体要求而专门设计的简历，适用于求职目标明晰的求职者，其优点在于"精准"。如果制作的定制化简历与用人单位岗位要求十分契合，那么成功进入面试的机会是很大的。

3. 教育经历

教育经历主要包括大学阶段的主修、辅修与选修课科目（列出成绩单），尤其要突出体现求职岗位所需的相关教育科目和培训知识，使求职者接受的教育及培训的专业技能与用人单位招聘条件相对吻合。教育经历可以采取时间逆序的方式来写，通常从最高学历开始写，让简历的阅读者更容易获得重要的信息。

(1) 就读时间段：每段教育经历都要有起止日期，各段教育经历的时间要相互衔接。

(2) 专业：如果所学专业和应聘职位对口，可以加以强调。如果是跨专业求职，那么与应聘职位对口课程的学习经历就非常重要。

(3) 相关课程：不要把上学期间所学的专业课都进行罗列，一是纸张篇幅有限，二是无法突出自己的优势学科。建议罗列主要专业课，如果主修课程的成绩还不错，可以标注相应成绩，如果分数不突出但是单科成绩专业排名靠前也可着重标注。

4. 个人的实习、实践工作经历

工作经历是简历中的重头戏，它在一定程度上反映求职者是否能够胜任所要谋求的这份工作。刚毕业的大学生学习、工作经历较简单，资历尚浅，因此无论是全职还是兼职，无论是校园实践还是社会实习，都可以算作工作经历。

(1) 社会活动和课外活动。近年来，越来越多的用人单位希望招聘到具有一定应变能力、能从事各种不同性质工作的大学生。在社会活动和课外活动中，大学生的责任心、协调能力、社交能力及人格修养能得以充分展示。所以社会活动和课外活动对于仍在求学、尚无社会经历的大学生来说是相当重要的实践经历。

(2) 寒暑假兼职经历。即使学生的寒暑假兼职与应聘职业无直接关系，但打工赚钱可以展示大学生积极的工作心态，给用人单位留下能吃苦、勤奋、负责、积极的好印象。

(3) 实习经历。实习为学生提供了理论联系实际的机会，学生可以增加阅历，积累工作经验。描述该内容时，应尽可能写得详细、具体，并可强调取得的业绩。如果大学生有较多的工作经验，也可有选择地列出与应聘职位有关的经历。描述工作经历应包括公司（或实践场所)名称、起止时间、职务、职责及业绩,例如:2023 年 7 月至 8 月在××医疗器材公司担任门店销售,负责门店顾客接待、医疗器材介绍、公众号器材介绍的文案撰写,在门店销售期间累计销售额达×××,在公众号发布了××篇医疗器材科普介绍。其中,工作业绩最好用数字进行量化表述,让用人单位能够清楚地了解求职者的真实经历和取得的工作成绩,避免使用"许多""大量""一些""几个"这样模糊的词汇。

5. 荣誉奖励

所有荣誉奖励在前面梳理大学经历的过程中都要整理出来,荣誉奖励较多的时候要进行分类书写,去掉日期,标明级别,如:

学习类:国家级职业院校外科职业技能大比武二等奖,校级一等学生奖学金 2 次。

综合类:校级优秀学生干部、优秀团员。

文体类:多次在院级运动会长跑比赛和歌唱比赛中获奖。

如果荣誉奖励较少,那么可写明具体名称、发奖单位、级别、获奖时间等,不要进行分类。

6. 资格证书和技能证书

资格证书及相关技能证书包括语言能力证书、计算机能力证书、专业技能及资格证书等。例如语言类的英语四、六级证书,计算机类的计算机一级、二级证书。另外就是专业类证书,比如中级保健按摩师、健康管理师、心理咨询师、1＋X 产后康复证书等。专业类证书是应届毕业生进入职场的敲门砖,与学历是同样重要的。同时证书最好是与应聘岗位相关的,如果是不相关的证书,可写可不写,如果资格证书专业程度非常高,那么一定要写,它是学习能力的一种展示。

7. 注意事项

填写简历需要客观实际、言简意赅、清晰明确、优势突出。

(1) 避免拖沓琐碎:一般篇幅不要超过两页 A4 纸,字体要适中。设计不能过于华丽,那样会给人华而不实的感觉。

(2) 内容体现"人职匹配"原则:简历从某种角度看就是一篇论述性文章,其中心论点则是自己就是所应聘岗位的最佳人选,而简历中的所有信息都是论据。当求职意向基本确定后,就必须为特定企业、特定职位"定制化"打造简历。一份合格的求职简历应该求职意向清晰明确,简历中的学历、专业、外语水平、计算机水平、实践经历、实习经历、特长、自我评价、其他重要或者特殊的信息等都是证明"人职匹配"的关键信息,无关的甚至妨碍应聘的内容绝不要出现。

(3) 文字表达中凸显个人优势:简历是广告,而广告最重要的目的就是用独特的优势吸引别人的目光。如何在资源有限的条件下,用最有效的表达方式展现出自己是最合适的人选?可以遵从以下四个表达原则:用关键词说话,用动词说话,用数字说话,用结果说话。文字要简洁凝练,少用长句,多用短句,格式尽量避免"段落式",多采用"点句式"表达,一般不出现第一人称"我"。

段落式和点句式描述举例：

段落式描述：

大三担任学生会主席，9月开学季招新130人，创历史新高，然后和同学们一起写策划、拉赞助、搞活动、训练，虽然过程很苦很累，但是还是挺下来了，拿到"标兵学生会"团体称号，还是很欣慰。

点句式描述：

- 2024年9月～2025年11月，医学系学生会主席。
- 管理并支持学生会的整体运转，协助完善学生会章程与制度。
- 负责策划学生会××活动，获得活动赞助××元。
- 组织了××活动，活动开展×××，参加人数共计××人。
- 任职期间学生会招新共××人，学生会被评为"标兵学生会"。
- 任职期间，提高了团队合作能力、组织能力和领导能力。

二、求职信

求职信是求职者与用人单位进行联系的最简便、最直接的方法，是自我推销的广告。求职信不是求职材料必须准备的内容，但是准备好求职信会为我们的求职锦上添花。

（一）求职信的基本内容

通过求职信，要让用人单位了解如下内容：

(1) 你是谁？（主要说明本人的基本情况）

(2) 你是如何知道目标用人单位的？（说明求职信息的来源）

(3) 要申请什么职位？（说明打算应聘的目标岗位）

(4) 你了解目标用人单位的情况吗？（说明你对目标单位基本情况的了解程度）

(5) 你为什么觉得自己适合这个职位？（描述你能胜任本岗位工作的各种能力）

最后，为表明你很渴望得到这一工作机会，再阐明一下希望得到答复和面试的机会，同时注明你的联系方式。

（二）求职信的具体格式

求职信是呈递给求职单位的，它属于书信的范畴，所以其基本格式应当符合书信的一般要求。求职信的格式由抬头、正文、结尾、署名四部分组成。

1. 抬头部分

求职信的称呼往往比一般书信的称呼正规一些。在实际书写时要区别对待，如果写给机关、事业单位的人事处领导，用"尊敬的×××处长"称呼；如果求职于企业，则用"尊敬的×××经理/先生/女士"；如果写给大学校长或人事处，可称呼"尊敬的×××教授(或校长、老师等)"。不要使用"×××老前辈""×××师傅"等不正式的称呼。当然，有些求职信也可以不写姓名、职务等，直接用"尊敬的领导"等来称呼。

2. 正文部分

正文需要写明你的求职目标，阐述你为何能满足用人单位的要求。

首先，在正文部分要写明求职信息的来源及应聘岗位。例如：

×××公司人力资源部经理：

　　您好！

　　我叫×××，是×××职业技术学院公共管理学院2024届毕业生。我从学校就业网公布的招聘信息中获悉，贵公司需招聘一位医疗市场营销人员，我具有卫生信息管理、心理学相关专业教育背景，具备人际沟通和市场营销方面的能力，为此，特向你们申请这一职位。

其次，正文部分要写明本人的基本情况，阐明本人能满足公司对人才的要求。所以，一定要写明你对目标用人单位或职位感兴趣的原因，以及所特有的、可以为用人单位作贡献的教育经历、技能和个人有价值的背景情况。例如：

　　自进入大一，我就参加了大学生创业协会的工作，担任合作部部长一职，负责全校大学生创业大赛、医学护理学院"医者仁心"医疗器材销售大赛的宣传和组织工作，帮助推介在校大学生创业项目，后担任该协会副会长一职。我曾多次为该社团招新，这些经历锻炼了我的人际沟通能力和市场推广能力。

　　我在专业课上系统学习了管理学、教育学等相关知识，并经过培训获得心理咨询师证书。我相信，在学习和实践中积累的知识和经验，可以让我更好地成长为一名医疗器材机构的营销人员。

最后，在正文的最后一段，委婉地向招聘单位提出面试的请求，因此在这一段里最好向招聘者说明怎样与自己联系，当然，联系方法越简单越好。例如：

　　附件是我的简历，如您能在百忙中抽空回复我，给我机会，我将不胜感激，若需联系，请拨打电话13×××××××××。期待与您在面试中做更多沟通。再次感谢您阅读我的求职材料。

3. 结尾部分

结尾部分内容通常是标准式的问候语，应当真诚地感谢招聘人员的阅读。在结尾处要写上"此致敬礼"，并亲自签名，署名要注意与信首自我介绍时的姓名相一致。不要忘记写明日期，日期一般要写在署名的右下方，用阿拉伯数字写明年、月、日。

4. 求职信的写作技巧

(1) 态度真诚，摆正位置。首先，应该想用人单位需要我来干什么，而不应该写自己需要什么。其次，应该写我能为用人单位做什么，而不是只想着从用人单位获得该职位后对自己有什么好处。最后，在写求职信时要诚恳礼貌，切忌自吹自擂、炫耀浮夸，也不要过分谦虚、缺乏自信。

（2）整洁美观，言简意赅。求职信文字要整洁美观，信的内容要全面且言简意赅、详略得当。

（3）富于个性，有的放矢。求职信要避免千篇一律，不要让用人单位感觉你的求职信是摘抄他人或复制粘贴的。一定要注意针对用人单位的实际需求，尽量把自己有别于他人的个性展现出来。

（4）避免求职信中出现明显错误。写求职信时态度要认真，不要粗心大意，避免出现错字连篇、主次不分、无的放矢、条理不清、逻辑混乱、用词不当、礼节欠缺等硬伤。

三、毕业生就业推荐信复印件

毕业生就业推荐信具有代表学校向用人单位推荐毕业生的作用，是全面反映毕业生情况的重要证明材料。学校一般会在 11 月下发，证明学生的身份、专业、学制等，以及简单介绍学生日常表现等证明材料，由所在的院系签好意见并盖上公章，学校学生就业工作部门要在学校推荐意见一栏签署"同意推荐"的意见并加盖公章。其余栏目应由毕业生自己填写。将表中的所有栏目都填写完毕，才能算是一份合格的推荐表，之后再进行复印，准备就业推荐信复印件。

四、其他材料

资格证书和技能证书复印件、奖励证书等材料复印件。

第三节　求职面试的准备

一、面试类型

（一）根据面试方式划分

（1）现场面试。现场面试就是指定面试地点，采取现场面谈的方式来考查应聘者的工作能力与综合素质，具有真实感。一般公司都会选择现场面试，因为这种方式能让用人单位更直接和更清晰地了解应聘者，同时也可以让应聘者更清晰明了地了解用人单位情况，因此，现场面试通过的概率会更大一些。

（2）视频面试。网络视频面试是指求职者只要进入视频会场，就能通过视频、聊天等形式接受用人单位面试官的考查。视频面试具有省时省事、节约成本、提高效率的特点，随着通信网络和视频技术的发展，视频面试呈现出不断发展的态势，它为求职者和用人单位搭建起打破空间界限的"空中桥梁"。

（二）根据面试人员组织形式划分

根据面试人员组织形式，可分为单独面试和小组面试两种。

(1) 单独面试：是指面试人员对应试人员进行一对一或多对一的面谈交流，常用于第一轮面试，主要考核应试者的人格素质、业务素质、行为风格等，按用人取向进行基本筛选。

(2) 小组面试（团体面试）：一般是指将应试者随机或按一定类型进行分组，多名应试人员面对一个或多个面试官同时进行面试，面试官一般会在小组中进行比较、权衡，做出筛选。

（三）根据面试方法运用划分

根据面试方法运用，可分为常规面试和情景面试两种。

(1) 常规面试。常规面试是指主考官和应试者进行的面对面的，以问答为主要形式的面试，这也是最常使用的面试形式。

(2) 情景面试。情景面试是随着各用人单位人力资源管理工作的日趋完善，采用的一种较新颖的面试形式。情景面试采用情景展现、环境模拟等形式对应试者进行考察，具有灵活性、逼真性、针对性、充分性等特点。情景面试已成为当前面试的主流趋势。

教学案例

情 景 面 试

如果你是本公司的业务员，你在一辆载着一车过期面包的可口可乐公司的卡车上，准备到偏远的地区把这些面包销毁，但在半路遇见了一群难民，他们十分饥饿，难民把路给堵住了，当场还有刚刚赶来的记者，那些难民知道车里有吃的。请问，你会怎样处理这件事情，既不让记者报导我们公司把过期的面包给人吃，又让难民可以吃掉这些不会影响身体的救命面包。注：车不可以回去，车上只有面包不可以贿赂记者。

情景面试是没有标准答案的，目的是考查应聘者在相应的情景下的观察能力、应变能力和处事能力。答得好坏靠答题者个人的平时积累，有时还与其性格相关。

（四）根据面试内容结构划分

根据面试内容结构，可分为结构化面试、非结构化面试和半结构化面试三种。

(1) 结构化面试。结构化面试是指由多个有代表性的考官组成一个考官小组，按规定的程序，对应聘同一职位的毕业生，始终如一地使用相同的考题进行提问，并按相同的追问原则进行追问，这些试题必须是与工作相关的。面试的结果采用规范的统计方法记分，按其分数排序进行考核。设计试题、操作实施、评价结果都是有结构的，结构化面试最典型的特征是采用结构化面试表。

结构化面试有很多优点，如内容确定、形式固定、便于操作。面试测评项目、参考话题、测评标准及实施程序等都是事先经过科学分析确定的，能保证整个面试有较高的效度和信度。对于有多个应聘者竞争的场合，这种面试更易做到公平、统一。更主要的是这种面试要点突出，形式规范、紧凑、高效，能更加简捷地实现目标。在比较重要的面试场合，如录用公务员、选拔管理人员等，常采用结构化面试。

(2) 非结构化面试。这种面试是漫谈式的，即主试人与应试人随意交谈，无固定题目，无限定范围，海阔天空，无拘无束，让应试者自由地发表议论。这种面试旨在观察应试者的知识面、价值观、谈吐和风度，了解其表达能力、思维能力、判断力和组织能力等。

(3) 半结构化面试。半结构化面试是指对面试的部分因素做出统一的要求，如规定统一的面试程序和评价标准，但面试题目可随意变化。在实际中，半结构化面试是最为常见的面试方式。

二、面试的准备

面试前的准备是面试成功的一个基本条件。面试前的准备包括对应聘单位的了解、个人的修饰打扮、自我心理的调节、对面试问题的准备等多个方面。可以说，面试前准备充分不一定能取得成功，但面试前准备不充分，则很可能不会成功。哪怕是一些细节上的疏忽，往往也会导致丧失机会。

如果简历是第一种武器，那么你可以凭专业对口、经验丰富或小小的与众不同从"大浪淘沙"中突破重围。而是否可以在求职者中脱颖而出拿到最终的录取通知，还要看面试的表现。"知己知彼，方能百战百胜"，这绝对是实战后所得的真知。面试前的准备工作包括以下几项。

(一)心理准备

面试前的几天要调整好自己的情绪，保持良好的精神面貌，最主要的是善用"假想"。面试前，求职者不但要假想面试的场景气氛，而且要想好每一步可能发生的情况。对于自己的履历应该烂熟于心，对于一些常规性问题早做充分准备。例如，思考自己能为公司做些什么，为什么认为自己适合这份工作，自己的老师和同学对自己有何评价，等等。对于自己的优势、劣势更要理性分析，尤其是针对诸如"你的缺点是什么？"这样的提问，要想方设法地用简洁而正面的语言消除反面的因素。

(二)仪容仪表准备

其实，找工作也如同商业行为，用人单位是买方，求职者是卖方，要吸引买方，除了"慧中"还要"秀外"。

求职者选择衣着时应先考虑公司的性质及应聘的职位。如果公司规定穿制服的话，就要考虑准备整洁大方的套装；如果是网络公司，便装也是可以的；不过，若是应聘销售、公关、市场以及高级职位，穿深色或灰色的套装会比较合适。当然，求职者可以用一些雅致的小饰物装扮自己。服装应该在面试前一晚就准备好。

(三)材料准备

在做好自身的准备工作后，求职者还需要做好物质材料准备。求职者为了证明自己所说情况的真实性需要出示有关材料；用人单位也会向求职者索要基本情况的材料。因此，面试前求职者必须做好有关材料的准备。具体要准备的材料如下：

(1) 黑色签字笔两支，以备随时填写正式的表格。

(2) 记事本。面试时记录或计算可能用得到。将笔和笔记本放在手提包的外层，方便随时使用，不至于浪费时间。

(3) 至少两份最近更新的简历，多多益善。即使求职者已经获得面试机会，面试官仍有可能收取另一份简历。准备完整的简历有两个目的：第一，在公司填写申请表时，可随时取出作为参考；第二，面谈后可直接留给公司。多准备几份简历的目的在于如果面试官不止一位时，可以表现出求职者仔细准备的态度。

(4) 文凭和各种证书的原件和复印件。文凭和证书俗称"敲门砖"，一定要注意仔细保存原件，以免丢失。

(5) 证件照和身份证。求职者可参考用人单位的要求或通知，有备无患。

(6) 合适的包。若要携带以上物品，求职者要准备一只适合自己的公文包，注意其中有些文件无法折叠。

(7) 对于没有标注面试需要携带的相关资料的面试，不妨问一问："请问去参加面试需要带哪些资料或相关证明呢？我想提前准备充分一些。"

准备的这些资料，一是要与自己所谋求的职业岗位相适应、相符合；二是材料要真实，切忌弄虚作假，否则可能适得其反；三是要尽可能简洁明了，装订成册，要准备若干复印件，便于用人单位随时查阅和使用。

（四）了解应聘单位的背景

熟悉用人单位的情况会给面试官留下深刻的印象，因为你了解得越多，表明你对该单位及该工作越有兴趣。了解越多，你越有自信，越能把握自己，对答如流。一般用人单位通知求职者面试有两种方式，一是电话，二是邮件。面试通知的到来也意味着"侦察"行动的开始。如果是电话通知，在记下用人单位的名称、面试时间、地点后，不要简单地说再见，请尽量搞清如下问题：

(1) 面试的方式。是多人同时面试，还是一个一个单独面试？

(2) 面试的内容。是否有笔试，或此次面试是否只进行笔试？

(3) 面试的对象。面试官的职位是人事主管还是部门负责人？

如果收到书面的通知，求职者要及时打电话向对方询问，对用人单位信息做到心中有数。

随后的"侦察"行动自然是搜集该单位的资料，如企业的规模、性质、开办年月、做什么产品项目、年营业额、成长幅度、人事制度、企业文化、在行业中的排名等，尽量多了解一些。现在的企业一般都有自己的网站，这为"侦察"行动省了不少力气。了解得越清楚，面试成功率也就越高。一个对所面试的企业很熟悉的求职者，往往较容易获得面试官的认同；反之，一个对企业做什么产品都不了解的人，是很难取得面试官的信任的。除此之外，如果能够了解企业的氛围，同样有利于准备合适的穿着。

（五）面试的时间和地点

时间上，最好提前 10～15 分钟到达面试地点；地点上，如果对面试地点所在区域不熟悉，最好提前去"踩点"，或者留出非常充分的路程时间。

三、求职礼仪

（一）仪容着装

1. 男生仪容着装

(1) 西装。男生应在平时就准备一两套得体的西装，不要到面试前才匆匆购买，否则不容易选购到合身的西装。西装应选购整套的两件式的，颜色应以主流颜色为主，如灰色或深蓝色，这样在各种场合穿着都不会显得失态；在价钱档次上应符合大学生的身份，不要盲目攀比，花大价钱买高级名牌西服，因为用人单位看到求职者的衣着太过讲究，不符合大学生身份时，对求职者的第一印象也会打折扣。

(2) 衬衫。衬衫以白色或浅色为主，这样较好配领带和西裤。求职者平时应注意选购一些较合身的衬衫，面试前应将衬衫熨平整，不能给人"皱巴巴"的感觉。崭新的衬衣穿上去会显得不自然，太抢眼，以致削弱了面试官对求职者其他方面的注意。这里要提一点：面试时所穿的西服、衬衫、裤子、皮鞋和袜子都不宜给人以崭新发亮的感觉，否则面试官会认为你的服饰都是匆匆凑齐的，那么你的其他材料是不是也加入了过多人工雕琢的痕迹呢？另外，大多从没穿过的服装包裹在身上时，求职者会觉得别扭，从而分散了精力，影响面试的表现。

(3) 皮鞋。皮鞋不是越贵越好，而要以舒适大方为主。皮鞋颜色以黑色为宜，且面试前一天要擦干净。

(4) 领带。男生参加面试时要在衬衫外打领带，领带以真丝材质的为好，上面不能有油污，不能皱巴巴，平时就应准备好与西服颜色相称的领带。

(5) 袜子。袜子的颜色也有讲究，穿西服时的袜子必须是深灰色、蓝色、黑色等深色，这样在任何场合都不失礼。

(6) 头发和胡须。尽量避免在面试前一天理发，以免看上去不够自然，最好在面试前三天理发。求职者应在面试前一天洗干净头发，避免头屑留在头发或衣服上。保持仪容整洁是赢得用人单位良好第一印象的前提。此外，男生要将胡须剃干净，并且在剃的时候不要刮伤皮肤，指甲应在面试前一天剪整齐。

2. 女生仪容着装

(1) 套装。每位女生都应准备一两套较正规的套服，以备去不同单位面试之需。女式套服的花样可谓层出不穷，每个人可根据自己的喜好来选择，但原则是必须与准上班族的身份相符，颜色鲜艳的套装会使人显得活泼、有朝气，素色、稳重的套装会使人显得大方、干练。选择套装时应记住这个原则：针对不同背景的用人单位选择不同的套装。

(2) 化妆。参加面试时，女生可以适当地化点淡妆，包括使用口红，但不能浓妆艳抹，否则过于妖娆，不符合大学生的形象与身份。

(3) 皮鞋。皮鞋不宜鞋跟过高、过于前卫，夏日最好不要穿露出脚趾的凉鞋，更不要将趾甲涂抹成红色或其他颜色，丝袜以肉色为宜。

(4) 手表。面试时不宜佩戴过于花哨的手表，否则会给人过于稚气的感觉，面试前应调准时间。

(5) 头发。应在面试前一天清洗干净，避免头屑或头油，保持清爽干净的形象。

3. 面试前仪容着装检查清单

(1) 头发干净、自然，如要染发则注意颜色和发型不可太标新立异。

(2) 服饰大方、整齐且合身，男女皆以时尚大方的套服为宜。

(3) 面试前一天修剪指甲，忌涂指甲油。

(4) 不要佩戴标新立异的装饰物。

(5) 选择平时习惯穿的皮鞋，出门前一定要清洁擦拭。

（二）仪态礼仪

在面试过程中，面试人员的躯干、四肢、表情等仪态礼仪也发挥着重要的作用。面试的仪态礼仪应把握好以下几个方面：

(1) 站姿。站立是最基本的举止，求职者挺拔的站姿能彰显个人的自信，并给面试官留下好的印象，站姿的基本要求是自然大方。

(2) 坐姿。求职者的坐姿要端庄而优雅，给人以稳重、文雅、大方的美感。求职者入座时要轻而缓，避免发出杂响声。坐下后，两手掌心向下叠放在双腿之上，或者双手合十放在桌上，两脚平落地面，两膝间的距离，男性以松开两拳为宜，女性以两膝两脚并拢为宜。上身保持挺直，头部端正，平视前方面试官。如想挪动椅子，应站起来移动到位后再入座，坐在椅子上移动位置是有违礼仪规范的。坐稳后，身体要略向前倾，不要靠着椅子背。一般以坐满椅子的 1/2～2/3 为宜。女生若穿裙子，应在入座时将裙子后面向前拢一下以显得端庄娴雅。

(3) 走姿。行走是人的基本动作之一，最能体现一个人的精神面貌。正确的走姿：身体直立稍向前倾，重心落于前脚掌，脚尖要微向外或者向正前方伸出，跨步均匀，两脚之间相距约一只脚到一只半脚的距离；两眼平视前方，双臂放松，在身体两侧自然摆动。面试中，求职者要避免不雅的走姿，比如摇头晃脑，双手背后，勾肩搭背，多人行走成一排。另外，求职者在与面试官、领导同行时，应让其走在前面；女生穿高跟鞋走路时，要避免发出过大的声响。

（三）其他要注意的礼仪细节

(1) 任何情况下都要注意进房间先敲门。

(2) 待人态度从容，有礼貌，问答过程中尽量保持微笑。

(3) 眼睛平视，面带微笑。

(4) 说话清晰，音量、语速适中。

(5) 神情专注，切忌边说话边整理头发。

(6) 手势不宜过多，需要时可适度配合。

(7) 进入面试房间前，可以嚼一片口香糖，消除口气，以缓解紧张的情绪。

(8) 如果是坐着面试，结束后要将座椅轻轻推回原位。

(9) 对面试官和接待你的工作人员表示感谢。

四、面试技巧

（一）进行自我介绍

招聘人员引导语结束后，一般会让应聘者简要进行自我介绍，以考查应聘者的表达能力。进行自我介绍时应把握以下原则：

(1) 针对应聘职位要求，重点突出、简要介绍自己。

(2) 不过于炫耀自己的学历，要重点介绍自己的应聘优势。

(3) 充分准备，突出重点。

(4) 不妄自菲薄。

(5) 把握时间，不拖沓。

注意事项：进入面试室后，要和考官礼节性地打招呼，当考官让自己就座后再坐，坐姿要占半个椅子左右的位置，身子要稍微前倾，眼神要直视考官。介绍自己时要把握语音语速，切忌太快或太慢，声调要有变化，要尽量采用口语化表述方式，要在有限的时间内介绍好自己。

（二）明确应聘动机

用人单位考查求职者应聘动机时常会问：为何应聘此单位／此岗位？此类问题回答过程中要注意理由充分，最好涉及专业特长、工作兴趣和热情。

【案例】

问题：你为何应聘本单位？

答案 1：贵单位在某一方面存在问题，我愿意帮助解决。

答案 2：我还没有认真思考过，请问下一个问题好吗？

答案 3：贵单位收入较高，或本人性格内向，或贵单位工作相对稳定。

答案 4：从该职位的社会功能、本人的专业特长，特别是对该项工作的兴趣和热情等方面回答。

答案5：因为看到了贵单位的招聘启事，而且贵单位离我家很近（或专业比较对口等）。

点评：这是很多单位必问的一个问题，应聘者应认真做好充分准备。答案4的回答容易得到考官的认同，因为既涉及专业特长，又涉及工作兴趣和热情；答案1的回答使自己变得好像一个"救世主"；答案2的回答是在回避问题，不可取；答案3和答案5的回答涉及收入高、工作稳定、离家近、专业对口等，理由不够充分，缺乏对应聘职位的兴趣和热情。

（三）了解招聘单位的情况

要注意在面试之前多方位、多渠道地了解招聘单位信息，挖掘招聘单位的行业优势。

【案例】

问题：说说你对本单位的了解。

答案1：我做过一些调查，较详细地了解了贵单位的发展战略、奋斗目标、工作成就及工作作风等，例如……

答案2：没有多少了解，但相信工作一段时间后会有更多认识。

答案3：我了解到贵单位工作条件和效益都很好，自己来了以后可以充分发挥特长。

答案4：有一些了解，但不全面。例如，贵单位的主要产品是……贵单位的广告是……

答案5：贵单位有住房，还有出国进修的机会，有利于实现我的远大理想。

点评：这个问题的实质是考查求职者是否有诚意。答案1间接地表现了对职位的渴求，给人"未进某某门，已是某某人"的感觉，容易引起考官的关注和好感；答案3和答案5容易给人"单向索取"的不良印象，但不排除确有真才实学的人才对自我价值的肯定和实现职业理想、安心工作的意愿；答案2和答案4则显得求职诚意不足。

（四）展示优点和特长

对于展示优点和特长这类问题，回答时要注意符合岗位的性格要求，要突出岗位需求的各类能力。

【案例】

问题：欢迎你应聘医生助理这个职位，你有何优点和特长？

答案1：本人的优点是沟通能力强、稳重、办事认真，多次在志愿服务活动中担任健康宣讲讲师的工作，所以表达能力很好。

答案2：我是临床医学专业毕业生，专业学习成绩较好。

答案3：我的特长是英语和计算机较好，优点是热情开朗，喜欢和人打交道，喜欢旅游和运动。

答案4：特长谈不上，优点是心直口快、待人热情。

答案5：我比较注重专业能力的培养和提高，无论在实习期间还是在日常工作中都在不断钻研业务。

点评：答案1符合医生助理工作的性格要求，而且健康宣教的能力正是这个工作中所需要的；答案5强调自己的专业能力强，表现出从事医生助理工作的长远打算；答案1和答案 5 都容易引起考官的关注和好感；答案 2 强调自己专业对口，成绩较好，是典型的"学生腔调"，但也具有医生助理工作的发展潜力；答案 3 和答案 4 则是答非所问，甚至与医生助理工作的内在要求相违背，热情开朗、心直口快可能引起用人单位的疑虑和担心。

（五）认识自己的缺点

应聘者要做到正确认识自己的不足，有改进的愿望和行动。阐述自己的不足时，最好在做到真诚的同时能够隐含一些优点。

【案例】

问题：你有何缺点和不足？

答案 1：我的适应性较差，不善于处理人际关系。

答案 2：我的缺点很多，如对自己要求不太严格、纪律性较差。

答案 3：缺乏实践经验，而且在知识结构上还需要进一步充实完善。

答案 4：我的性格外向，办事急于求成，有时忽略细节；或我的性格内向，办事过于求稳，有时效率不高。

答案 5：我觉得我很适合这项工作，如果有缺点和不足，希望你能提醒我一下好吗？

点评：这是每一位应聘者都难以回答而又必须回答的问题。因为当招聘者问及这一问题时，一般来说都是对求职者产生了兴趣，所谓"褒贬是买主"，作为应聘者，应做到"人贵有自知之明"，正确认识自己的不足，有改进的愿望和行动。答案 3 比较符合这一要求。答案 4 较客观地分析了自己：前者坦诚自己有时急躁，但隐含热情高、办事效率高的优点，后者则包含办事认真、一丝不苟的工作作风。答案 1 和答案 2 两种答案直率坦诚，但对某些职位来讲，可能是致命的缺点，不能被录用。答案 5 闪烁其词，大有"外交家"的风度，但缺乏自知之明，忘记了"金无足赤、人无完人"的道理。

（六）工作计划

要针对面试的岗位提前准备，详细地说明自己的工作计划，可以表现出对于工作的热情和钻研精神。

【案例】

问题：如果我们单位录取你，你打算怎样开展工作？

答案 1：希望录用以后再详细谈，好吗？

答案 2：还没有考虑，希望给我一段时间认真考虑一下。

答案 3：服从分配、努力工作。

答案 4：贵单位有很多优势，但也存在一些不足，我愿对此加以改进。

答案 5：有准备地说明做好某些工作的初步打算或详细计划。

点评：答案 5 表现出对工作的热情和追求这一职位的强烈愿望，容易得到考官的赞同，这一点得益于事先的认真准备；答案 3 直接表达上述愿望，但明显准备不足；答案 4 有可能引起用人单位的好奇和关注，但也可能引起反感；答案 2 显得求职诚意不足，但也给人留下办事稳妥的印象；答案 1 则显得"自视清高，待价而沽"。

（七）薪酬水平要求

在薪酬水平要求问题的回答中，既要表现出胜任工作的信心，又要表现出有维护个人合理权益的意识。

【案例】

问题：如果公司录用你，你希望月薪多少？

答案 1：我是 ×× 专业的毕业生，因此每月工资应在 6000 元以上。

答案 2：公司无论开多少工资，我都能接受。

答案 3：希望公司按国家有关规定或公司的惯例发工资。

答案 4：不能低于 3000 元。

答案 5：具体工资多少我不在意，只是希望公司以后能按工作成绩或工作效率合理发放工资。

点评：求职者的薪金待遇是"双向选择"中一个必不可少的话题。答案 3 和答案 5 显然有所考虑，比较理智地回答了这一"难以启齿"的问题，其中答案 3 的回答更是具有挑战性，既表现了干好这一工作的自信心，也表现出维护自身权益的意识；相比之下，答案 1、答案 2 和答案 4 的回答则显得有些轻率。

（八）如何面对失误

面对失误，首先要敢于担当，并第一时间思考如何补救，从公司大局考虑，尽量降低对公司的损失并且避免对公司的负面影响。在事件处理之后及时复盘，了解造成失误的原因，是否能从制度角度规范员工行为，以后避免此类情况的发生。

【案例】

问题：如果你的工作出现失误，给本公司造成经济损失，你认为该怎么办？

答案 1：如果是我的责任，我甘愿受罚。

答案 2：我本意是为公司努力工作，如果造成经济损失，我没有能力负责，希望公司帮助解决。

答案 3：我办事一向谨慎、认真，我想不会出现失误吧。

答案 4：我想首先找出原因，尽力把损失降到最低，然后总结经验，以免他人重蹈覆辙，最后要勇于承担责任。

答案 5：我认为首要的问题是想方设法去弥补或挽回经济损失，其次才是责任问题。

点评：这是一个具有挑战性的问题。答案 1 坦诚接受处罚；答案 2 企图逃避责任，但是如果损失重大，也逃脱不了；答案 3 则认为自己不会出现这种情况，是一种不切实际的回避；答案 4 从发展的角度理智地说出了如何处理问题的想法，并积极实施复盘，同时一切为公司着想，又敢于担当，这是应聘单位需要的人才；答案 5 的态度较可取，先尽力挽回损失，表现出较强的责任心。

▶▶ 🎙 **思考题** ....

1. 请尝试制作一份简历。(同学们目前还没有实习的经历，可以找学长学姐或专业教师去了解，按照自己对于实习的期待完成。)

2. 请准备一个简单的自我介绍。

3. 反思自己日常生活中的坐姿、站姿、步态、着装、仪容等方面的情况，分别指出优点和缺点，并针对缺点做出改进计划。可自行组成小组进行讨论分析，每个人形成一份问题说明和改进计划。

了解我的面试形象

我的优点：

我的缺点：

改进计划：

4. 请搜索挑选 1 条就业信息，以此就业信息为基础，以班级为单位设计一次招聘模拟面试情景剧，在这个情景剧中要尽可能体现本章所讲述的知识点。

第六章

就业权益与保护

学习目标

1. 了解就业权益的概念及内容。
2. 掌握大学生就业中的基本权益。
3. 理解并掌握维护就业权益的方法及途径。

学习重点

大学生就业相关法律法规及就业中的签约维权。

学习难点

大学生就业中的签约维权。

第一节　就业权益概述

　　告别学校之时，大学生就开始面临着各种各样的社会挑战：虚假招聘信息、传销陷阱、招聘单位各种"歧视"条款、口头许诺不肯签订劳动合同等，这一个个问题影响着毕业生的顺利就业，甚至会导致毕业生错过最佳的就业时期。为了维护自己就业的合法权益，减少不必要的损失，毕业生应该学会用法律武器保护自己。了解和掌握就业权益是大学生保护自身的重要手段，只有充分了解相关政策和法律规定，才能有效维护自身利益，自觉遵守相关法律。

一、就业权益的概念

　　《中华人民共和国劳动法》(以下简称劳动法)、《中华人民共和国劳动合同法》(以下

简称劳动合同法)、《中华人民共和国就业促进法》(以下简称就业促进法)、《中华人民共和国高等教育法》(以下简称高等教育法)、《普通高等学校毕业生就业工作暂行规定》等多部法律、法规对大学生的就业权益做了明确规定，即我国高校毕业生在就业过程中享有"双向选择、自主择业、公平竞争、平等就业"等多项就业权益。

大学生就业权益是否得到保障是检验我国大学生就业市场建设好坏的重要指标之一，只有坚持"双向选择、自主择业、公平竞争、平等就业"原则，确保大学生的就业权益得到切实的保障，才能确保大学生就业市场健康稳定地发展，进而推动国民经济持续健康发展。

二、就业权益的分类

就业过程中，大学生享有的就业权益包括获取信息权、接受就业指导权、被推荐权、平等就业权、取得劳动报酬权、接受职业技能培训权、享受社会保险和福利权等。

（一）获取信息权

及时、准确地获取就业信息是大学生成功就业的前提和关键，只有充分了解就业信息，才能结合自身情况选择适合自身发展的用人单位。

毕业生获取信息权应包括三方面：一是信息公开；二是信息及时；三是信息全面。

（二）接受就业指导权

毕业生享有接受就业指导与享受就业服务的权利。毕业生可以从学校的就业指导中心、主管就业的社会相关部门或机构 (如各省市毕业生就业指导中心、人才交流中心等) 获得就业政策指导、就业定位指导、择业技巧强化等帮助。

(1) 就业政策指导。政策指导是就业指导的基础。刚走出校门的毕业生，往往对国家的就业政策缺乏全面系统的了解，在择业时思想上会带有一定的随意性和盲目性。只有广泛地进行政策宣传和教育，才能引导毕业生走出择业的"误区"，帮助毕业生消除择业的困惑，并纠正自己的片面认识和幻想。

(2) 就业定位指导。帮助毕业生找准自身定位，树立正确的择业标准、确立高尚的求职道德，从而选择正确的成才道路。

(3) 思想指导。思想指导是就业指导的核心。就业指导中的思想指导是把世界观的教育渗透到就业指导工作中，落实到择业标准、求职道德和成才道路等方面。要达到这个目标，首先要帮助毕业生树立正确的择业标准，从个人实际出发，主动适应社会需要。当前大学毕业生的择业标准总体来说呈现出多样化：有的把事业放在第一位；有的把地区放在第一位；有的把出国放在第一位；有的把金钱放在第一位；等等。指导毕业生择业的基本原则是把个人理想与国家需要结合起来，避免和纠正在择业上的短期行为，抵制眼前功利的诱惑，真正做到以事业为重，首先考虑国家的利益。有些毕业生留恋大城市，只图选择理想的工作单位，而不顾个人实际条件能否胜任具体工作，此类现象是可以通过就业指导加以避免的。其次，要帮助毕业生确立高尚的求职道德，无论对待用人单位或作为竞争对手的其他同学，都应采取诚实正直、实事求是、与人为善的态度，决不能在求职择业时吹嘘自己，贬低别人，更不应有拉关系、走后门等不正当行为。通过就业指导，应该使所有大学生懂得缺乏道德修养的人是难以顺利成才的，在当今商品经济日益发达的环境中，个人的信誉和操守尤为重要。最后，要帮助毕业生选择正确的成才道路。一个人能否成才，首先取决于社会的需要，其次才是个人的主观努力。在个人成才的主观努力中，除了智力因素外，非智力因素也是十分重要的。通过思想指导，学校可以帮助大学毕业生正确地处理社会需要与个人成才、成才与发财、事业与生活、个人与集体、自己与他人的关系，使学生提高思想境界，并以积极进取的心态过好"就业关"，进而在工作岗位上发挥应有的作用。

(4) 技术指导。求职技巧指导是就业指导的主要内容之一。一般地说，面临就业选择的毕业生普遍思想准备不足，有惶恐感。还有一些大学生不清楚国家及学校的毕业生就业办法，不了解自己应有哪些权利和义务，更不知道应该如何行使自己的权利。至于具体的招聘应聘、就业程序、个人表格及自荐材料的准备、整理和应用，面对用人单位的考察、面试如何表现自己，以及应有的礼仪和言谈举止等问题，均需要学校进行必要的指导。这样，可以避免由于种种技术原因造成的求职障碍。

（三）被推荐权

在公平、公正、公开的基础上，毕业生享有被推荐权。高校应秉承实事求是的原则，根据毕业生本人的实际情况，结合用人单位的招录要求，如实地向用人单位进行介绍并择优推荐。用人单位也应坚持择优标准录用毕业生，共同建立优生优用、人尽其才的招录机制。

（四）平等就业权

平等就业权应当包括三层含义：一是任何公民不因民族、种族、性别、年龄、文化、宗教信仰等受限，都应平等地享有就业的权利和资格；二是在应聘某职位时，任何公民都能平等地参与竞争，不受特权干扰；三是平等不等于同等，平等是指对于符合要求、符合特殊职位条件的人，应给予他们平等的机会，而不是不论条件如何都同等对待。

拓展阅读

《中华人民共和国劳动法》（节选）

第十一条　地方各级人民政府应当采取措施，发展多种类型的职业介绍机构，提供就业服务。

第十二条　劳动者就业，不因民族、种族、性别、宗教信仰不同而受歧视。

第十三条　妇女享有与男子平等的就业权利。在录用职工时，除国家规定的不适合妇女的工种或者岗位外，不得以性别为由拒绝录用妇女或者提高对妇女的录用标准。

（五）获得劳动报酬权

获得劳动报酬权，是指大学生作为劳动者在付出劳动之后从用人单位那里获得约定的工资等劳动报酬（不得低于当地政府确定的最低工资标准）的权利。劳动报酬权是劳动者在劳动关系中享有的基本的、核心的权利，也是劳动者通过劳动获得的最直接、最切实的利益，直接关系到劳动者的生存与社会的长治久安。

（六）接受职业技能培训权

职业技能培训，是指对准备就业的人员和已经就业的职工进行技术业务知识和实际操作技能的教育和训练。职业技能培训权是劳动者享有参加劳动所必需的、提高劳动技能或就业能力的权利，也是参与各种业务学习和培训进修的权利。保障这一权利的实现，有助于提高劳动者文化素养及技能水平，有利于提高工作效率，为保障充分就业创造条件。

拓展阅读

《中华人民共和国劳动法》第八章

第六十六条　国家通过各种途径，采取各种措施，发展职业培训事业，开发劳动者的职业技能，提高劳动者素质，增强劳动者的就业能力和工作能力。

第六十七条　各级人民政府应当把发展职业培训纳入社会经济发展的规划，鼓励和支持有条件的企业、事业组织、社会团体和个人进行各种形式的职业培训。

第六十八条　用人单位应当建立职业培训制度，按照国家规定提取和使用职业培训经费，根据本单位实际，有计划地对劳动者进行职业培训。

从事技术工种的劳动者，上岗前必须经过培训。

第六十九条　国家确定职业分类，对规定的职业制定职业技能标准，实行职业资格证书制度，由经备案的考核鉴定机构负责对劳动者实施职业技能考核鉴定。

（七）享受社会保险和福利权

劳动者享有社会保险和福利的权利，是指劳动者在遇到年老、患病、工伤、失业、生育等劳动风险时，获得物质帮助和补偿的权利。根据法律的相关规定，用人单位须为劳动者缴纳五险一金，其中"五险"分别是养老保险、医疗保险、生育保险、工伤保险、失业保险，"一金"指的是住房公积金。"五险"是用人单位必须为员工缴纳的，而住房公积金是可以自愿选择缴纳或者不缴纳的。

（八）休息休假权

劳动者的休息休假权，是指劳动者在任职期间，根据劳动法规定享有的不从事劳动和工作而进行休息和休假的权利。劳动者的休息休假不仅仅是法律规定必须赋予劳动者的一项权利，而且休息休假也是为了保证工作效率的一种有效手段。我国劳动法相关法律对于劳动者的休息休假权作了详细的规定。

《中华人民共和国劳动法》第四章：工作时间和休息休假

第三十六条　国家实行劳动者每日工作时间不超过八小时、平均每周工作时间不超过四十四小时的工时制度。

第三十七条　对实行计件工作的劳动者，用人单位应当根据本法第三十六条规定的工时制度合理确定其劳动定额和计件报酬标准。

第三十八条　用人单位应当保证劳动者每周至少休息一日。

第三十九条　企业因生产特点不能实行本法第三十六条、第三十八条规定的，经劳动行政部门批准，可以实行其他工作和休息办法。

第四十条　用人单位在下列节日期间应当依法安排劳动者休假：

（一）元旦；

（二）春节；

（三）国际劳动节；

（四）国庆节；

（五）法律、法规规定的其他休假节日。

第四十一条　用人单位由于生产经营需要，经与工会和劳动者协商后可以延长工作时间，一般每日不得超过一小时；因特殊原因需要延长工作时间的，在保障劳动者身体健康的条件下延长工作时间每日不得超过三小时，但是每月不得超过三十六小时。

第四十二条　有下列情形之一的，延长工作时间不受本法第四十一条规定的限制：

（一）发生自然灾害、事故或者因其他原因，威胁劳动者生命健康和财产安全，需要紧急处理的；

（二）生产设备、交通运输线路、公共设施发生故障，影响生产和公众利益，必须及时抢修的；

（三）法律、行政法规规定的其他情形。

第四十三条　用人单位不得违反本法规定延长劳动者的工作时间。

第四十四条　有下列情形之一的，用人单位应当按照下列标准支付高于劳动者正常工作时间工资的工资报酬：

（一）安排劳动者延长工作时间的，支付不低于工资的百分之一百五十的工资报酬；

（二）休息日安排劳动者工作又不能安排补休的，支付不低于工资的百分之二百的工资报酬；

（三）法定休假日安排劳动者工作的，支付不低于工资的百分之三百的工资报酬。

第四十五条 国家实行带薪年休假制度。

劳动者连续工作一年以上的，享受带薪年休假。具体办法由国务院规定。

劳动者休息休假权具有以下特点：

(1) 休息休假权为劳动者的法定权利。宪法第四十三条规定：中华人民共和国劳动者有休息的权利。国家发展劳动者休息和休养的设施，规定职工的工作时间和休假制度。劳动法第三条也明确规定了劳动者享有"休息休假权利"，并专章规定了工作时间和休息休假制度。这些规定说明了劳动者的休息休假权为劳动者法定权利。休息休假权这一宪法权利的基础来源于休息本身对于每一个人的重要意义：休息是人的正常生活需要，包括生理和精神需要。一方面，人在劳动中的体力和脑力消耗需要通过休息得到恢复；另一方面，人除了职业活动（劳动）以外，还需要有家庭生活、文化生活、体育活动和社交活动，这些都需要在休息时间进行。不难想象，一个人如果整天工作而没有足够的休息时间，他就成了工作的机器，他的劳动就是奴役性的劳动。因此，合理的休息休假时间是每个劳动者恢复劳动力、享受闲暇、实现个人全面发展的基础，也是摆脱奴役劳动、提高劳动的人道性的保障。可以说，予以并保障公民的休息休假权标志着社会进步和文明的发展。依据宪法的规定，我国劳动法第三条把休息休假权列举为劳动者享有的劳动权利之一。这些法律规定反映了我国高度重视劳动者的休息休假权。

(2) 休息休假权是劳动过程中的权利。劳动者的休息休假权，是指劳动者与用人单位建立劳动关系并维持劳动关系期间，即作为用人单位一员时享有的权利。在劳动关系建立之前或者劳动关系结束之后，劳动者没有为用人单位提供劳动的义务，也不存在所谓休息休假的权利问题。休息休假是劳动者在任职期间享有的权利，它与劳动者的劳动义务是相对应的，劳动者在任职期间，既有从事劳动的义务，同时也享有休息和休假的权利。

(3) 休息休假权是劳动者自由支配其法定的劳动时间之外的其他时间的权利。劳动者的休息休假权，在法律上主要体现为劳动者可自由支配其劳动时间之外的其他时间。劳动者在业余时间既可以从事家务劳动或者社会活动，也可以外出旅游或从事其他活动，其业余时间完全由劳动者个人自由安排和决定，不受用人单位限制和支配。劳动者的休息休假权不意味着劳动者在业余时间只能休息，不能从事其他活动，而是指劳动者可以自由支配自己的业余时间。

（九）获得劳动安全卫生保护权

劳动保护制度是指国家为了改善劳动条件，保护劳动者在生产过程中的安全与健康而制定的法律规范的总称。其具体内容包括劳动安全与卫生，劳动关系双方在劳动安全与卫生方面的权利义务、国家对女职工和未成年人特殊的保护等规定。

我国劳动法规定，各级政府和劳动者所在单位应当采取措施为劳动者提供和创造符合安全和卫生标准的劳动条件，预防事故和职业病，改善劳动条件和作业环境，保护劳动者的安全和健康。劳动安全卫生的方针是：安全第一、预防为主。安全是目的，预防是手段，两者密不可分。

劳动者在劳动过程中享有的安全保护权利主要有两个方面：一是劳动者对用人单位管理人员违章指挥、强令冒险作业有权拒绝执行；二是劳动者对危害生命安全和身体健康的行为，有权提出批评、检举和控告。

针对女职工的特殊劳动保护是指根据女职工生理特点和抚育子女的需要，对其在劳动过程中的安全健康所采取的有别于男子的特殊保护，包括禁止或限制女职工从事某些作业、女职工"四期"保护等特殊保护。针对未成年人的特殊劳动保护，指根据未成年人生长发育的特点和接受义务教育的需要，对其在劳动过程中的安全健康所采取的特殊保护。对未成年人特殊劳动保护的措施主要有：不得招收16周岁以下童工；岗位培训；禁止安排有害健康的工作；提供适合未成年人身体发育的生产工具和定期进行健康检查。

▓▓▓ 拓展阅读 ▓▓▓

《中华人民共和国劳动法》（节选）

第五十二条　用人单位必须建立、健全劳动安全卫生制度，严格执行国家劳动安全卫生规程和标准，对劳动者进行劳动安全卫生教育，防止劳动过程中的事故，减少职业危害。

第五十三条　劳动安全卫生设施必须符合国家规定的标准。

新建、改建、扩建工程的劳动安全卫生设施必须与主体工程同时设计、同时施工、同时投入生产和使用。

第五十四条　用人单位必须为劳动者提供符合国家规定的劳动安全卫生条件和必要的劳动防护用品，对从事有职业危害作业的劳动者应当定期进行健康检查。

第二节　毕业生权益保护

要增强大学生维权意识，维护大学生的合法权益，关键还在于大学生自身。首先，大学生应树立权利观念，提高自我防范意识和维权能力；其次，应熟悉基本的维权途径，掌握常用的维权方法。具体到日常的学习生活中，大学生要积极学习有关维护自身合法权益的法律常识，增强依法维权的意识和能力。同时，还应加强防范意识，争取防患于未然。大学毕业生往往求职心切，因此会轻易地答应用人单位的任何要求，比如向用人单位交出钱财和证件。但是到最后，用人单位会以条件不符、考试不合格等原因拒绝录用，押金也不会退回，使得大学生求职者的财产权益受到直接侵犯。因此，大学生求职者一定要在求职应聘的过程中树立防范意识，要能够判断用人单位的真实意图，其招聘是否具有欺骗性等。但是要做到这一点对大学生来说还是相当困难的，因为这首先要求求职者具有丰富的阅历和经验，而这正是大学生的不足之处。其次，由于人才市场的供需不平衡，求职者处于弱势地位，因此严峻的就业形势使得大学生不敢向用人单位询问太多。许多初次求职的大学生往往是单位要求做什么就做什么，不知不觉中自己的权益已经遭受侵犯。以后一旦在求职过程中权益受损，大学生一定要及时地、坚定地进行维权，而不是委曲求全，忍气吞声。

一、就业风险

（一）就业风险的含义

就业风险是指毕业生在就业过程中可能面临的各种陷阱、不公平待遇等，从而遭受到一定程度的损失或侵害，如失去就业机会、增加求职就业的成本、获得与自身条件不匹配的职位，甚至遇到人身伤害、财产损失或承担法律责任等。

（二）就业风险的类别

(1) 虚假宣传：不切实际地夸大公司规模、薪资待遇明显高于市场平均水平等。

(2) 费用陷阱：要求交纳押金、报名费、培训费、资料费、管理费、服装费等。

(3) 传销：打着招聘的旗号，将应聘者招录进来后，通过上课的形式不断地对其洗脑，并要求其以直接或者间接发展的人员数量或者销售业绩为依据计算和给付报酬，或者要求其以交纳一定费用为条件取得加入资格等方式牟取非法利益。

(4) 涉外招工：非法中介、公司等借用出国、出境等就业名义，编造高薪高福利的谎言，同时以交纳部分保证金、手续费等为由来骗取应聘者交纳服务费、管理费。

(5) 合同陷阱：用人单位或企业以各种理由推脱、延迟或不与应聘者签订合同，或者是以口头形式、不平等条款签订两份不同内容的合同等来损害应聘者的就业利益。

(6) 就业歧视：性别歧视，如"只限男生"或"同等条件下男生优先"等条款；院校歧视，如仅限"985""211"高校、同等学力不予招录等。

二、维护就业权益

（一）树立风险防范意识

毕业生初出校门步入社会，应在对就业风险有所了解和掌握的基础上，提高自身识别风险的能力，在求职过程中时刻保持谨慎和警惕的意识。求职就业不是一蹴而就的，而是一个具有阶段性过程的工作，应端正求职心态，切勿求职心切。

（二）招聘信息来源

大学生在找工作的过程中须从正规渠道获取招聘信息，提高警惕，学会识别各种虚假的招聘信息，保证自己的信息安全和找到一份靠谱的工作。大学生主要可以通过以下途径获取安全可靠的招聘信息。

1. 学校资源

对于在校大学生来说，校园招聘是得天独厚的信息资源。首先，许多大型知名企业会在各高校举行宣讲会、招聘会。他们的招聘只是针对应届大学生这一群体，这一优势是参加工作之后的职场人士所没有的。其次，学校就业指导部门也会通过学校官方网站就业板块、就业信息网、公众号等多种不同的形式向大学生宣传企业的招聘信息，并免费为学生就业提供科学的指导意见。此外，大学生所属的院、系等也是大学生就业信息的重要来源，并且几乎所有的学校都安排有专门负责学生就业的工作人员。许多用人单位比较习惯直接和各个教学单位联系用人事宜，院系老师和辅导员往往能掌握很多企业的校招信息，尤其是小规模的招聘，企业不需要举办招聘会，可以直接到院系老师或辅导员办公室进行信息了解和招聘宣传，甚至请院系老师直接推荐优秀学生人选。通过学校获取的招聘信息，都是经过学校老师层层筛选或审核过的，可信度及安全度非常高，风险比较低，可以作为大学生求职的首选途径，大学生要合理利用这些有利资源。

2. 社会资源

例如，身边的亲朋好友、父母长辈，或者自己曾经实习、参与志愿服务的单位同事等，都是自己的社会资源。建立并维护自己的社会关系，把握良好的人际关系网络可以为求职者带来诸多便利。通过这种方式找到工作的人对工作更加满意并且能够获得更多的信任，在工作中也更加容易沟通。避开招聘广告市场，对于企业来说不必从众多应聘人员中进行筛选，同时也省去了大学生疯狂投递简历的烦琐，为双方节约了很多的时间和物力成本。大学生在求职之前，不妨整理和总结一下当前可以利用的社会关系网络之中，有哪些岗位或者哪些单位是自己较为欣赏的，为自己顺利就业提供一些信息或者其他帮助。

3. 社会招聘

通过社会招聘求职时，需要严格选取招聘信息。社会渠道的招聘，最突出的问题就是虚假招聘。一方面，它可能会使大学生面临法律风险，另一方面也浪费了他们求职过程中的宝贵时间。一般来讲，社会渠道的招聘求职无外乎如下两种，大家应该注意甄别。一是通过网络求职。大学生常用的求职网站主要有智联招聘、前程无忧网、中华英才网、boss直聘以及各大公考培训机构官方公众号等。这些网站上不仅有社招岗位，也有为用人单位专门开辟的校园招聘通道，大学生都可以关注。各省市劳动人事部门下属人才机构一般也开设了招聘网站，这类网站经常性地发布企事业单位的招聘信息或者公职人员报考的信息，往往具有很大的影响力。此外，绝大部分知名的大型企业在各自的官方网站上往往设有招聘通道，大学生只需要注册并在线提交简历就有机会获得面试机会。大学生可以重点关注自己感兴趣的企业的官方网站上发布的消息，也能收到事半功倍的效果。二是各种招聘会。每个地区都会经常性地举办各种类型的招聘会，有的是教育部门主办的，有的是社会机构主办的；有规模较大的，也有规模较小的；有针对应届大学生的，也有针对下岗失业人群的；有的是针对特定行业的，也有的是针对不同群体的。大学生在选择参加招聘会时，要重点关注参展企业的性质、规模和数量、面对的群体以及招聘会的主办单位。上述内容是大学生求职中常用的信息获取渠道，但具体的招聘信息需要我们自己认真地筛选、辨别。

（三）甄别招聘信息

大学生在求职过程中经常会遇到形形色色的虚假招聘，稍有不慎就会陷入上当受骗的陷阱。常见违法的、虚假的招聘很多，我们总结了一下，主要有如下几种类型。

1. 被包装为招聘的违法行为

非法传销组织虽早已遭人深恶痛绝，但是在大学生求职过程中却往往有人深陷其中。大学生求职者为非法传销组织所骗受困的原因主要有：一是大学生自身防范意识薄弱，因轻信他人而上当受骗；二是对同学、朋友的介绍过于信任，没想到熟人还会骗自己；三是就业压力过大，择业时放松了必要的警惕，轻信以用人单位身份出现的非法传销公司；四是个别学生存在不劳而获的思想，被非法传销组织宣传的高额回报引诱，甘愿从事非法传销活动。面试时要求应聘者购买一定数量的货物，然后通过电话销售给其他人。在这类招聘中，招聘方的联系电话往往是私人手机号码，而非单位的固定电话。在招聘中，招聘方往往扣押或是以保管为名索要求职者的身份证、毕业证等，甚至会非法拘禁求职者，要挟其参加非法传销等。

2. 无意招聘的企业广告

由于招聘信息都是在招聘市场或者公益性招聘平台里发布，有时企业不需要支付费用，有时招聘主办方会给企业一定的优惠。因此，有些企业希望利用网络平台发布免费的广告，一些企业长期在智联招聘、前程无忧网等网站发布招聘信息，每天都会更新招聘信息的发布日期，而我们投递简历之后通常是没有任何回音的。这是招聘信息平台为企业提供的优惠服务，交纳一定的费用就可以不断刷新招聘信息。而企业也往往故意夸大招人数量，延长招聘时间，或者不及时撤销已经过期的招聘信息，以达到做广告的效果。

此外，也有诸多用人单位本身没有招聘意向，却打着为了储备人才的幌子而进行虚假的招聘。这些用人单位在面试时只是简单问上几句，或者不断地收集求职者简历，要求求职者填写个人信息。这样的招聘或是为了储备人员，预防本单位人员跳槽以便及时补缺，或是有其他方面的考虑。大学生在求职应聘中应当格外注意，不要将宝贵的时间浪费在这些企业上。

3. 为采集个人信息的虚假招聘

目前，还存在一些套取并利用求职者信息进行诈骗的案件。毕业生在求职过程中往往要填写一些表格，其中涉及很多个人信息，尤其是网上求职，要求填写的内容更是事无巨细，从个人电话号码，到家长姓名、家庭住址、家庭电话、父母情况一应俱全。许多毕业生粗心大意，随意填写，结果给骗子留下了可乘之机。

在求职过程中，我们一定要注意保护个人隐私，避免在各种不正规的招聘网站上不加辨别地将自己的身份证信息、手机号码、家庭详细住址等信息录入进去。另外，即使在投递纸质应聘材料时，在没有充分且必要的前提下，也应当尽量避免提供有关个人隐私的信息。例如，在提供身份证复印件时，为了避免自己的身份信息被违法使用，可以在身份证复印件上注明仅供本人在某公司求职应聘之用的字样。

4. 要求提供担保或者收取财物的招聘行为

少数用人单位为谋取钱财，采用招聘途径，通过向求职者收取招聘费、培训费，押金或服装费等获取不当利益。一些毕业生求职时会遇到这种情况，参加面试时，公司告知要参加培训，费用自理，考试合格后方能录用。但当培训结束后，用人单位会以条件不符、考试不合格等原因不予录用。

有些用人单位以各种名义承诺高于同类职位的薪资，例如"招聘加盟商，月收入十万""月收入八千，包吃包住"，交纳费用之后，用人单位的承诺往往无法顺利兑现。有些用人单位称会给予毕业生职位，但需交纳抵押金。一些大学生急于得到工作，便轻易地交出钱财。当劳动者发现工作不合适而提出辞职时，用人单位却拒绝退还抵押金。用人单位的这种行为明显是违反法律规定的。在招聘过程中，用人单位以各种名义向求职者收取费用，或者要求提供担保，一般情况下都是不符合法律规定的。大学生在求职过程中一定要特别警惕。劳动合同法第九条规定，"用人单位招用劳动者，不得扣押劳动者的居民身份证和其他证件，不得要求劳动者提供担保或者以其他名义向劳动者收取财物"。该法加大了对扣押劳动者的居民身份证和收取押金等行为的处罚力度。劳动合同法第八十四条规定，"用人单位违反本法规定，扣押劳动者居民身份证等证件的，由劳动行政部门责令限期退还劳动者本人，并依照有关法律规定给予处罚。用人单位违反本法规定，以担保或者其他名义向劳动者收取财物的，由劳动行政部门责令限期退还劳动者本人，并以每人五百元以上二千元以下的标准处以罚款；给劳动者造成损害的，应当承担赔偿责任"。

5. 招聘中的就业歧视

有些用人单位为便于招聘，在招聘广告中提出了很多不切实际的条件。这很可能构成了就业歧视。招聘中的就业歧视是指企业在招聘过程中以跟工作无关的情况为理由，将部分应聘者排除在就业竞争机会之外，这是不公平、不合理、不合法的。就业歧视往往包括性别歧视、年龄歧视、身体歧视、户籍歧视、学校排名歧视等。《教育部办公厅关于加强高校毕业生就业信息服务工作的通知》规定，凡教育行政部门和高校举办的招聘活动，要严格做到"三个严禁"：严禁发布含有限定985高校、211高校等字样的招聘信息，严禁发布违反国家规定的有关性别、户籍、学历等歧视性条款的需求信息，严禁发布虚假和欺诈等非法就业信息，坚决反对任何形式的就业歧视。

（四）加强自我维权意识

大学毕业生应明确自己在就业过程中享有的权利。合法权益受到侵害时，不能忍气吞声，不了了之，而是要善于运用法律手段进行维护。一旦发生侵犯自身就业权益的行为，可以向学校就业主管部门寻求帮助或到政府就业主管部门进行申诉，并听取他们的处理意见等，也可提交给当地的劳动争议仲裁机构进行调解和仲裁，还可以直接向人民法院提起诉讼。只有这样，才能使自己的合法权益得到切实保障。

（五）提高就业法律意识

大学毕业生要增强法律意识，学会运用法律武器，确保自己的合法权益。尤其像签订就业协议、订立劳动合同和约定试用期这些用人单位容易钻空子的环节，务必要严格按照法律程序进行，同时收集、整理、留存、备份相关的资料，一旦发生就业纠纷，能够手持有力的证据，追回损失，有效维护自身的权益。

第三节　就业协议和劳动合同

毕业生通过与用人单位双向选择，达成一致意见后，要与用人单位签订就业协议；毕业后进入用人单位正式开始工作前，要与用人单位签订劳动合同。就业协议与劳动合同是保障毕业生权益的重要手段，毕业生必须明确它们的重要内容，以便在就业过程中正确使用。

一、就业协议和劳动合同的概念

就业协议书的全称是《普通高等学校毕业生就业协议书》，是普通高等学校毕业生和用人单位在正式确立劳动人事关系前，经双向选择，在规定期限内确立就业关系、明确双方权利和义务而达成的书面协议，是用人单位确认毕业生相关信息真实可靠以及接收毕业生的重要凭据，也是高校进行毕业生就业管理、编制就业方案的重要依据。就业协议书又称"三方协议"，是以毕业生及用人单位为签订主体，在高校监督参与下签订的民事合同。

劳动合同是劳动者和用人单位确立劳动关系，明确双方权利和义务的协议。劳动合同应当以书面形式订立，并有必备的条款和补充条款，必须具备以下内容：劳动合同期限、工作内容、劳动保护和劳动条件、劳动报酬、劳动纪律、劳动合同终止的条件和违反劳动合同的责任等。它具有法律约束力，在保护劳动者的合法权益、协调稳定劳动关系等方面发挥着重要作用。

二、就业协议和劳动合同的区别

（一）主体不同

就业协议的主体是毕业生、用人单位和学校，学校负责维护毕业生就业工作的良好秩序，保障毕业生和用人单位的合法权益，并能证明学生毕业信息的真实性。而劳动合同是劳动者与用人单位之间在遵循平等自愿的原则下依法签订的，只有劳动者和用人单位两个主体。

（二）内容不同

毕业生就业协议的内容主要是毕业生如实介绍自身情况，并表示愿意到用人单位就业，用人单位表示愿意接收毕业生，院校同意推荐毕业生并列入就业方案，而不涉及毕业生到用人单位报到后，所享有的权利和履行的义务。劳动合同的内容涉及劳动报酬、劳动保护、工作内容、劳动纪律等方方面面且内容更为具体，劳动权利、义务更为明确。

（三）时间不同

一般来说，就业协议签订在前。就业协议应在毕业生就业之前签订，而劳动合同往往在毕业生到用人单位报到后才签订。

（四）目的不同

就业协议是毕业生和用人单位关于将来就业意向的初步约定，是对双方的基本条件以及即将签订的劳动合同的部分基本内容的大体认可，并经用人单位的上级主管部门和高校就业部门同意。一经毕业生、院校、用人单位主管部门签字、盖章，即具有一定的法律效力，是编制毕业生就业方案和将来双方订立劳动合同的依据。

（五）发生争议后解决方式不同

就业协议书发生争议，主要按照现有的毕业生就业政策，由学校或上级就业主管部门出面协调解决；而劳动合同发生争议，主要是依据劳动法和《中华人民共和国企业劳动争议处理条例》有关规定，采取调解、仲裁及诉讼的方式，通过严格的法律程序予以解决。

第四节　违约责任与法律风险及防范

一、违约责任

大学毕业生在择业过程中，与用人单位签订就业协议书、劳动合同等法律文件后，也会发生违约行为。由于就业协议书及劳动合同均具有法律效力，单方违约后，应承担违约责任，支付违约金。从实际情况来看，就业违约多发生在签订就业协议书阶段，且往往是毕业生违约。违约会造成不良的后果，主要表现在以下几个方面。

（一）对用人单位造成的不良后果

用人单位为了录用毕业生做了大量的工作，比如岗位需求调查，用人计划的制订和报批，完成校园招聘工作，有的甚至对毕业生将要从事的具体工作也有所安排。一旦毕业生违约，用人单位为完成用人计划，需另选其他毕业生，重新进行校园招聘活动，而且在时间上也非常紧张，使用人单位很被动。

（二）对学校造成的不良后果

毕业生的违约行为对学校的就业诚信教育和推荐工作有一定负面影响，从而影响学校和用人单位的长期合作。面对严峻的就业环境，用人单位的需求就是毕业生择业成功的前提。长期经常性出现毕业生违约现象势必对学校今后的毕业生就业工作造成不利影响，不利于维护长期稳定的就业需求和学校良好的就业环境，同时影响学校就业计划方案的制订上报和正常派遣工作。

（三）对毕业生造成的不良后果

毕业生和用人单位签订就业协议后，若单方擅自解除协议，则必须承担违约责任，支付相应的违约金。同时，毕业生向学校申请办理违约手续，必须上交用人单位出具的解约证明材料，整个过程比较烦琐，而且也有一定的时间周期。

综上所述，毕业生应从自身做起，以强烈的诚信意识和责任意识，共同维护学校的声誉和全体毕业生的就业环境，同时也减少不必要的经济损失。因此毕业生在签约前应理性、全面地考虑，慎重签约，签约后要信守承诺。

二、签订就业协议的法律风险及防范

就业协议签订过程中和签订后，毕业生都面临着大量法律风险。这些法律风险可以分为三大类：一类是毕业生自身违约导致的法律风险；一类是用人单位违约给毕业生带来的法律风险；还有一类是高校就业政策对于违约的限制给毕业生带来的法律风险。

（一）毕业生违约的法律风险

毕业生违约可分为两种情况：预期违约和实际违约。预期违约发生在签约以后到毕业或报到前这段时间，在这段时间毕业生一般明确表示或者以自己的行为表明不去用人单位报到，如毕业生明确表示撤回已签订的就业协议书，虽然还未到履行期或履行期未届满，这时毕业生就已经构成预期违约，应承担违约责任。毕业生在用人单位报到截止时间后不去报到则构成实际违约，应承担违约责任。毕业生违约一般要承担向用人单位支付违约金的风险。就业协议中的违约条款分为普通违约条款和违约金条款，前者一般为协议的格式条款，后者则由毕业生和用人单位双方自由约定。由于用人单位和毕业生的地位不对等，在现实中，为了保证毕业生能够履行协议，用人单位一般会要求约定违约金条款，并且这种约定内容也经常是不对等的，是对毕业生单方面的约束。毕业生违约需要承担违约金，用人单位违约却不需要承担违约金，而毕业生由于处于弱势地位几乎都会接受。

(1) 违约金的数额。由于违约金数额设定的"话语权"几乎全在用人单位，毕业生除了被迫接受以外，别无选择。不少用人单位为了留住毕业生，往往设定高额违约金，动辄五六千元，甚至高达上万元，这对尚无收入的大学毕业生来讲无疑是一笔天文数字。从2005 年开始，国家有关部门规定，违约金被限定不超过毕业生一个月的工资。这种规定约束了用人单位的"漫天要价"，在一定程度上保护了毕业生这一弱势群体，但由于矫枉过正，使毕业生违约成本大大降低，造成了毕业生在违约时"有恃无恐"。

(2) 违约金的支付。就业协议具有法律效力，毕业生违约后如果不承担违约金，用人单位可以通过法律手段主张权利。但事实上，由于高校考虑到维护学校毕业生的信誉和保证正常的就业秩序，会从就业政策上限制毕业生违约。例如，该协议只能发放一份，如与用人单位解除原协议，必须拿回原协议文本才能重新发放新协议文本。除非用人单位主动放弃，毕业生绝大多数情况下都不得不交付违约金与用人单位达成和解，才能解除就业协议。

（二）用人单位违约的法律风险

毕业生与用人单位签订就业协议后，还面临着解除就业协议的法律风险。用人单位在与毕业生签订就业协议后，由于用人计划的改变或者要选择更加适合用人单位的毕业生，在毕业生尚未报到或者在报到后签订劳动合同前，会发生要求与毕业生解除就业协议的情形。在毕业生尚未毕业前，用人单位提出解除就业协议的，毕业生还可以继续找工作，完成正常的就业程序。如果用人单位在毕业生毕业后或者报到后，甚至在档案、组织关系都已经转到用人单位后又提出解约的，将给毕业生就业带来程序上的被动和机会上的损失，同时也会造成手续办理的诸多不便。

（三）就业协议的法律风险防范

(1) 慎重签约。就业协议是由教育部门统一编制的，每个毕业生的协议书都有一个对应编号，不得擅自更改、更换，每一所高校对于就业协议的管理都非常严格。就业协议一经签订，如果毕业生要改签，就要受到诸多限制。因此，毕业生在求职前应在就业指导老师的帮助下，根据自己的职业规划、兴趣爱好、专业实力、性格特点等，对自己的求职目标进行准确定位，既要准确了解有关就业的法规和政策，也要尽可能全面了解签约目标单位的职位情况、发展前景、薪酬待遇等，以诚实慎重的态度签订就业协议。

(2) 争取对自己有利的违约金条款。对于违约金约定的内容，毕业生要合理合法地争取对自己有利的条款。在平等性上，毕业生要争取让违约金是对于双方的约束，而不能只对毕业生进行约束，毕业生和用人单位任何一方违反了就业协议的约定都应当承担违约金。在违约金数额上，毕业生要力争以到岗后一个月的工资为宜，其依据主要是用人单位为此付出的招聘成本。

三、签订劳动合同的法律风险及防范

1. 劳动合同必备条款的内容

劳动合同的必备条款，是指劳动合同必须具备的内容。劳动合同法第十七条第一款规定，劳动合同必须具备的条款主要有如下几方面。

(1) 用人单位的名称、住所和法定代表人或者主要负责人。名称是代表用人单位的符号，即注册登记时所登记的名称，相当于自然人的姓名。住所指用人单位办事机构的所在地。有两个以上办事机构的，以用人单位主要的办事机构所在地为住所。劳动合同文本中要记载的用人单位的住所必须标明具体地址。具有法人资格的用人单位的法定代表人，是用单位执行机关的主要负责人。法定代表人在注册登记时必须标明。不具有法人资格的用人单位，必须在劳动合同中写明该单位的负责人。

(2) 劳动者的姓名、住址和居民身份证或者其他有效身份证件号码。姓名是自然人区别于其他自然人的符号。劳动者的姓名以户籍登记，也即以身份证上所载为准。劳动者的住址以其户籍所在的居住地为住所，其经常居住地与住所不一致的，经常居住地视为住所。公民身份证号码即居民身份证上记载的号码。

(3) 劳动合同期限。固定期限劳动合同、无固定期限劳动合同或以完成一定工作任务为期限劳动合同都必须载明期限。

(4) 工作内容和工作地点。工作内容包括劳动者从事劳动的工种、岗位和劳动定额、工作的任务等。工作地点是指劳动者可能从事工作的具体位置。

(5) 工作时间和休息休假。工作时间是指劳动者为履行劳动义务，在法律规定的标准下，根据劳动合同、集体合同的规定提供劳动的时间。休息是指劳动者无须履行劳动义务，自行支配的时间。劳动法第三十八条规定：“用人单位应当保证劳动者每周至少休息一日”。同时，用人单位还应当保证劳动者在一个工作日内有一定的休息时间。休假是指劳动者无须履行劳动义务且有工资保障的法定休息时间。劳动法第四十条规定，“用人单位在下列节日期间应当依法安排劳动者休假：元旦、春节、国际劳动节、国庆节和法律法规规定的其他休假节日”。

(6) 劳动报酬。劳动报酬是指用人单位根据劳动者劳动的数量和质量，以货币形式支付给劳动者的工资，且不得低于最低工资的要求。各省市每年均发布最低工资标准。

(7) 社会保险。社会保险主要包括基本养老保险、失业保险、基本医疗保险、工伤保险、生育保险五项。参加社会保险，缴纳社会保险费是用人单位与劳动者的法定义务，必须履行。劳动合同法之所以将社会保险规定为劳动合同的必备条款，旨在将双方的法定义务在劳动合同中说明，让用人单位与劳动者都清楚地知道双方的权利和义务，同时也再次提醒双方必须履行缴纳社会保险费的义务。

(8) 劳动保护、劳动条件和职业危害防护。劳动保护，是指保护劳动者在工作过程中不受伤害。劳动条件，是指用人单位为劳动者提供的正常工作所必需的条件，包括劳动场所和劳动工具。职业危害是指劳动者在职业活动中，因接触粉尘、放射性物质和其他有毒、有害物质等因素而对身体健康造成的危害，情况严重的可导致职业病的发生。用人单位应当在劳动合同中就职业危害的告知和预防措施等内容加以明确。

(9) 法律、法规规定应当纳入劳动合同的其他事项。即按照劳动合同法以外的其他法律和行政法规的规定，应当在劳动合同中载明的内容。

2. 劳动合同缺少必备条款的后果

实践中很多用人单位制作的劳动合同往往很简单，不是缺这个条款就是缺那个条款，这种缺少必备条款的劳动合同是否有效呢？劳动合同法第二十六条规定，“违反法律、行政法规强制性规定的劳动合同无效或者部分无效”。必备条款的缺失是否属于违反法律强制性规定呢？我们认为，劳动合同由用人单位与劳动者协商一致，并经用人单位与劳动者在劳动合同文本上签字或者盖章而发生法律效力，劳动合同部分必备条款的缺失，不会影响劳动合同的整体效力，对缺失的部分，双方可以协商增加，不能协商的，可按照有关法律规定执行。

违反法律、行政法规强制性规定的劳动合同无效，应仅指劳动合同条款约定的内容违反法律、行政法规，而劳动合同缺少必备条款并不属于违反法律、行政法规强制性规定，因此并不能认定为无效。劳动合同法第八十一条规定，"用人单位提供的劳动合同文本未载明本法规定的劳动合同必备条款或者用人单位未将劳动合同文本交付劳动者的，由劳动行政部门责令改正；给劳动者造成损害的，应当承担赔偿责任"。因此，劳动合同缺少必备条款的法律责任是用人单位应当改正，也就是说应当将必备条款增补在劳动合同中，从此条看来，缺少必备条款的劳动合同还是受到法律认可的，也就是说缺少必备条款的劳动合同依然是成立和生效的。所以，劳动合同缺少必备条款对劳动合同是否生效并不产生影响。但因劳动合同不具备必备条款给劳动者造成损害的，用人单位应当承担赔偿责任。

拓展阅读

中华人民共和国劳动合同法实施条例

第一章　总　　则

第一条　为了贯彻实施《中华人民共和国劳动合同法》（以下简称劳动合同法），制定本条例。

第二条　各级人民政府和县级以上人民政府劳动行政等有关部门以及工会等组织，应当采取措施，推动劳动合同法的贯彻实施，促进劳动关系的和谐。

第三条　依法成立的会计师事务所、律师事务所等合伙组织和基金会，属于劳动合同法规定的用人单位。

第二章　劳动合同的订立

第四条　劳动合同法规定的用人单位设立的分支机构，依法取得营业执照或者登记证书的，可以作为用人单位与劳动者订立劳动合同；未依法取得营业执照或者登记证书的，受用人单位委托可以与劳动者订立劳动合同。

第五条　自用工之日起一个月内，经用人单位书面通知后，劳动者不与用人单位订立书面劳动合同的，用人单位应当书面通知劳动者终止劳动关系，无需向劳动者支付经济补偿，但是应当依法向劳动者支付其实际工作时间的劳动报酬。

第六条　用人单位自用工之日起超过一个月不满一年未与劳动者订立书面劳动合同的，应当依照劳动合同法第八十二条的规定向劳动者每月支付两倍的工资，并与劳动者补订书面劳动合同；劳动者不与用人单位订立书面劳动合同的，用人单位应当书面通知劳动者终止劳动关系，并依照劳动合同法第四十七条的规定支付经济补偿。

前款规定的用人单位向劳动者每月支付两倍工资的起算时间为用工之日起满一个月的次日，截止时间为补订书面劳动合同的前一日。

第七条　用人单位自用工之日起满一年未与劳动者订立书面劳动合同的，自用工之日起满一个月的次日至满一年的前一日应当依照劳动合同法第八十二条的规定向劳动者每月支付两倍的工资，并视为自用工之日起满一年的当日已经与劳动者订立无固定期限劳动合同，应当立即与劳动者补订书面劳动合同。

第八条　劳动合同法第七条规定的职工名册，应当包括劳动者姓名、性别、公民身份号码、户籍地址及现住址、联系方式、用工形式、用工起始时间、劳动合同期限等内容。

第九条　劳动合同法第十四条第二款规定的连续工作满10年的起始时间，应当自用人单位用工之日起计算，包括劳动合同法施行前的工作年限。

第十条　劳动者非因本人原因从原用人单位被安排到新用人单位工作的，劳动者在原用人单位的工作年限合并计算为新用人单位的工作年限。原用人单位已经向劳动者支付经济补偿的，新用人单位在依法解除、终止劳动合同计算支付经济补偿的工作年限时，不再计算劳动者在原用人单位的工作年限。

第十一条　除劳动者与用人单位协商一致的情形外，劳动者依照劳动合同法第十四条第二款的规定，提出订立无固定期限劳动合同的，用人单位应当与其订立无固定期限劳动合同。对劳动合同的内容，双方应当按照合法、公平、平等自愿、协商一致、诚实信用的原则协商确定；对协商不一致的内容，依照劳动合同法第十八条的规定执行。

第十二条　地方各级人民政府及县级以上地方人民政府有关部门为安置就业困难人员提供的给予岗位补贴和社会保险补贴的公益性岗位，其劳动合同不适用劳动合同法有关无固定期限劳动合同的规定以及支付经济补偿的规定。

第十三条　用人单位与劳动者不得在劳动合同法第四十四条规定的劳动合同终止情形之外约定其他的劳动合同终止条件。

第十四条　劳动合同履行地与用人单位注册地不一致的，有关劳动者的最低工资标准、劳动保护、劳动条件、职业危害防护和本地区上年度职工月平均工资标准等事项，按照劳动合同履行地的有关规定执行；用人单位注册地的有关标准高于劳动合同履行地的有关标准，且用人单位与劳动者约定按照用人单位注册地的有关规定执行的，从其约定。

第十五条　劳动者在试用期的工资不得低于本单位相同岗位最低档工资的80%或者不得低于劳动合同约定工资的80%，并不得低于用人单位所在地的最低工资标准。

第十六条　劳动合同法第二十二条第二款规定的培训费用，包括用人单位为了对劳动者进行专业技术培训而支付的有凭证的培训费用、培训期间的差旅费用以及因培训产生的用于该劳动者的其他直接费用。

第十七条　劳动合同期满，但是用人单位与劳动者依照劳动合同法第二十二条的规定约定的服务期尚未到期的，劳动合同应当续延至服务期满；双方另有约定的，从其约定。

第三章　劳动合同的解除和终止

第十八条　有下列情形之一的，依照劳动合同法规定的条件、程序，劳动者可以与用人单位解除固定期限劳动合同、无固定期限劳动合同或者以完成一定工作任务为期限的劳动合同：

（一）劳动者与用人单位协商一致的；

（二）劳动者提前 30 日以书面形式通知用人单位的；

（三）劳动者在试用期内提前 3 日通知用人单位的；

（四）用人单位未按照劳动合同约定提供劳动保护或者劳动条件的；

（五）用人单位未及时足额支付劳动报酬的；

（六）用人单位未依法为劳动者缴纳社会保险费的；

（七）用人单位的规章制度违反法律、法规的规定，损害劳动者权益的；

（八）用人单位以欺诈、胁迫的手段或者乘人之危，使劳动者在违背真实意思的情况下订立或者变更劳动合同的；

（九）用人单位在劳动合同中免除自己的法定责任、排除劳动者权利的；

（十）用人单位违反法律、行政法规强制性规定的；

（十一）用人单位以暴力、威胁或者非法限制人身自由的手段强迫劳动者劳动的；

（十二）用人单位违章指挥、强令冒险作业危及劳动者人身安全的；

（十三）法律、行政法规规定劳动者可以解除劳动合同的其他情形。

第十九条　有下列情形之一的，依照劳动合同法规定的条件、程序，用人单位可以与劳动者解除固定期限劳动合同、无固定期限劳动合同或者以完成一定工作任务为期限的劳动合同：

（一）用人单位与劳动者协商一致的；

（二）劳动者在试用期间被证明不符合录用条件的；

（三）劳动者严重违反用人单位的规章制度的；

（四）劳动者严重失职，营私舞弊，给用人单位造成重大损害的；

（五）劳动者同时与其他用人单位建立劳动关系，对完成本单位的工作任务造成严重影响，或者经用人单位提出，拒不改正的；

（六）劳动者以欺诈、胁迫的手段或者乘人之危，使用人单位在违背真实意思的情况下订立或者变更劳动合同的；

（七）劳动者被依法追究刑事责任的；

（八）劳动者患病或者非因工负伤，在规定的医疗期满后不能从事原工作，也不能从事由用人单位另行安排的工作的；

（九）劳动者不能胜任工作，经过培训或者调整工作岗位，仍不能胜任工作的；

（十）劳动合同订立时所依据的客观情况发生重大变化，致使劳动合同无法履行，经用人单位与劳动者协商，未能就变更劳动合同内容达成协议的；

（十一）用人单位依照企业破产法规定进行重整的；

（十二）用人单位生产经营发生严重困难的；

（十三）企业转产、重大技术革新或者经营方式调整，经变更劳动合同后，仍需裁减人员的；

（十四）其他因劳动合同订立时所依据的客观经济情况发生重大变化，致使劳动合同无法履行的。

第二十条　用人单位依照劳动合同法第四十条的规定，选择额外支付劳动者一个月工资解除劳动合同的，其额外支付的工资应当按照该劳动者上一个月的工资标准确定。

第二十一条　劳动者达到法定退休年龄的，劳动合同终止。

第二十二条　以完成一定工作任务为期限的劳动合同因任务完成而终止的，用人单位应当依照劳动合同法第四十七条的规定向劳动者支付经济补偿。

第二十三条　用人单位依法终止工伤职工的劳动合同的，除依照劳动合同法第四十七条的规定支付经济补偿外，还应当依照国家有关工伤保险的规定支付一次性工伤医疗补助金和伤残就业补助金。

第二十四条　用人单位出具的解除、终止劳动合同的证明，应当写明劳动合同期限、解除或者终止劳动合同的日期、工作岗位、在本单位的工作年限。

第二十五条　用人单位违反劳动合同法的规定解除或者终止劳动合同，依照劳动合同法第八十七条的规定支付了赔偿金的，不再支付经济补偿。赔偿金的计算年限自用工之日起计算。

第二十六条　用人单位与劳动者约定了服务期，劳动者依照劳动合同法第三十八条的规定解除劳动合同的，不属于违反服务期的约定，用人单位不得要求劳动者支付违约金。

有下列情形之一，用人单位与劳动者解除约定服务期的劳动合同的，劳动者应当按照劳动合同的约定向用人单位支付违约金：

（一）劳动者严重违反用人单位的规章制度的；

（二）劳动者严重失职，营私舞弊，给用人单位造成重大损害的；

（三）劳动者同时与其他用人单位建立劳动关系，对完成本单位的工作任务造成严重影响，或者经用人单位提出，拒不改正的；

（四）劳动者以欺诈、胁迫的手段或者乘人之危，使用人单位在违背真实意思的情况下订立或者变更劳动合同的；

（五）劳动者被依法追究刑事责任的。

第二十七条　劳动合同法第四十七条规定的经济补偿的月工资按照劳动者应得工资计算，包括计时工资或者计件工资以及奖金、津贴和补贴等货币性收入。劳动者在劳动合同解除或者终止前 12 个月的平均工资低于当地最低工资标准的，按照当地最低工资标准计算。劳动者工作不满 12 个月的，按照实际工作的月数计算平均工资。

第四章　劳务派遣特别规定

第二十八条　用人单位或者其所属单位出资或者合伙设立的劳务派遣单位，向本单位或者所属单位派遣劳动者的，属于劳动合同法第六十七条规定的不得设立的劳务派遣单位。

第二十九条　用工单位应当履行劳动合同法第六十二条规定的义务，维护被派遣劳动者的合法权益。

第三十条　劳务派遣单位不得以非全日制用工形式招用被派遣劳动者。

第三十一条　劳务派遣单位或者被派遣劳动者依法解除、终止劳动合同的经济补偿，依照劳动合同法第四十六条、第四十七条的规定执行。

第三十二条　劳务派遣单位违法解除或者终止被派遣劳动者的劳动合同的，依照劳动合同法第四十八条的规定执行。

第五章　法　律　责　任

第三十三条　用人单位违反劳动合同法有关建立职工名册规定的，由劳动行政部门责令限期改正；逾期不改正的，由劳动行政部门处 2000 元以上 2 万元以下的罚款。

第三十四条　用人单位依照劳动合同法的规定应当向劳动者每月支付两倍的工资或者应当向劳动者支付赔偿金而未支付的，劳动行政部门应当责令用人单位支付。

第三十五条　用工单位违反劳动合同法和本条例有关劳务派遣规定的，由劳动行政部门和其他有关主管部门责令改正；情节严重的，以每位被派遣劳动者 1000 元以上 5000 元以下的标准处以罚款；给被派遣劳动者造成损害的，劳务派遣单位和用工单位承担连带赔偿责任。

第六章　附　　则

第三十六条　对违反劳动合同法和本条例的行为的投诉、举报，县级以上地方人民政府劳动行政部门依照《劳动保障监察条例》的规定处理。

第三十七条　劳动者与用人单位因订立、履行、变更、解除或者终止劳动合同发生争议的，依照《中华人民共和国劳动争议调解仲裁法》的规定处理。

第三十八条　本条例自公布之日起施行。

▶▶ 🎙 **思考题**

1. 通过相关网站检索招聘信息（每人 3 条），并分组讨论。
2. 简述就业协议书的内容。
3. 简述劳动合同的必备条款。

第七章

职业适应与发展

学习目标

1. 了解学生角色向职业人角色转换的方法和途径。
2. 提升职场适应的意识和能力。
3. 了解促进职业发展的途径及方法。

学习重点

掌握提升职场适应能力及促进职业发展的途径方法。

学习难点

掌握促进职业发展的途径及方法。

第一节　快速适应职场

大学生择业成功意味着迈出了职业生涯的第一步。作为一个刚刚走出校门的高校毕业生，常常面临职业转换与适应的问题。由学生到社会职业角色转换比较快的人，容易更早地获得单位的认可，更快地寻找到新的起点，也就更容易享受到事业成功和生活幸福的喜悦。因此，高校毕业生应正确面对社会，正确处理工作与人际关系上的诸多矛盾，克服各种心理障碍，培养良好的适应能力，尽快适应环境，迈出成功的第一步。

一、尽快适应角色转换

人的一生会经历许多次不同社会角色之间的转换。大学生走向社会意味着要从学生角色转换为职业角色，这一转换在人生中十分重要。

（一）校园与职场的区别

分析校园与职场的区别，有助于我们消除对全新环境的陌生感，为尽快适应职场做好心理调适。相对于职场而言，校园生活是相对轻松的。时间安排比较有弹性，没有严格的考勤管理制度，休息时间和节假日相对较长，考核标准以分数为主，人际关系相对单纯。而职场生活相对紧张，有严格的考勤管理制度，个人或团队之间存在明显的竞争关系，考核以业绩为基础，同时会掺杂主管领导的个人主观判断。校园与职场都需要我们学习，但学习特点也存在明显不同。在学校里，我们的学习是理论性、结构性学习，可以以个人兴趣爱好为导向。而职场中，是在具体问题的解决和决策制定过程中学习，以工作中发生的临时性事件和具体真实的生活为基础，是社会性、分享性学习。

（二）校园人与职场人的区别

1. 角色权利不同

在学校，我们依法接受教育，培养能力，获得资助，取得证书，通过金钱（学费）获取知识与技能；在职场中，我们通过个人劳动取得报酬和社会保险福利，健康安全工作的同时接受相关培训，是依靠自身知识技能获取报酬的过程。

2. 角色义务不同

学生通过努力学习完成规定学业，遵守学生行为规范；职场人需要完成工作，努力提高职业技能，遵守劳动纪律，讲究职业道德。

3. 角色规范不同

学生要从教育的角度出发，规范自身行为，全面发展；职场人需遵守一定的职业道德和职业要求，一经违反需要承担相关责任甚至是法律责任。

4. 角色责任不同

学生的主要责任是在学习和探索知识的同时，努力提升自己各方面的能力。大学生不仅需要完成学校安排的课程，还要利用空闲时间参与实践活动来锻炼、提升自己的综合能力。并且，大学生在探索的过程中有一定的容错性，即学校鼓励学生去积极探索创新，不怕失败或走弯路。

职场人士的主要责任是服从企业的安排，通过自己的劳动为企业创造价值，获取一定的报酬。职场人士需要为自己的行为承担后果，若在工作中犯了错，需要自己承担责任。

5. 所处环境不同

大学生生活在相对单纯封闭的校园环境中，生活学习氛围较为轻松，每天可以自行安排除上课以外的时间，做自己想做的事情。而职场人士处于紧张激烈的职场氛围中，面临着大量的职场工作与快节奏的生活，自己能够自由支配的时间较少，因此常常会感到压力较大。

6. 人际关系复杂程度不同

大学生在校园中，每天基本上只与学校里的人打交道，如同学、老师等，人际圈子较小。虽然大学生在学校里免不了要参与许多竞争，但是这些竞争的本质是为了促进学习和提升能力，并不会影响大学生的核心利益，因此大学生的人际关系总体来说较为简单与单纯。

社会上的人际关系就相对复杂。在职场世界里，尤其是在销售和服务行业，职场人士每天都要与不同的客户接触。职场生活里的竞争直接和职场人士的个人利益挂钩，关系到利益的分配，因此职场人士的人际关系是较为复杂的。

7. 认识世界的方式不同

大学生作为学校里的受教育者，认识世界的方式以学习理论知识为主、实践为辅。大学生对世界的了解大多来自书本、课堂和网络，认识的内容多是间接的与理论性的。因此，部分大学生对世界与自己的未来有着浪漫主义式的期待。

而职场人士认识世界的方式以亲身实践为主、理论知识为辅。他们通过工作当中的实际操作、生活中的一件件琐事来加深对世界的认识与了解，其认识的内容通常是直接的、具体的，带有鲜明的现实主义色彩。

有些大学生在刚步入社会的时候，可能会因为学生与职场人士各方面的差异而产生不适应感，这都是很正常的。大学生需要了解并认识其中的差异，只有在了解的前提下，才能更好更快地实现角色的转变，早日适应职场生活。

二、角色转换中的主要问题

在从学生角色向职业角色转换的过程中，有些大学生不能正确认识角色转换的实质，或者在角色转换过程中不能持之以恒，于是在从学生角色到职业角色的转换过程中出现一些问题。

1. 对学生角色的依恋

一些毕业生在角色转换过程中容易依恋学生角色，出现怀旧心理。在职业生涯开始之初，许多人常会自觉或者不自觉地把自己置身于学生角色当中，以学生角色的社会义务和社会规范来要求自己、对待工作，以学生角色的习惯方式来待人接物、观察和分析事物、处理遇到的问题。

2. 对社会现实的失望

现实生活中的许多社会现象很容易引起大学毕业生的困惑，他们对于社会上普遍存在的一些不良现象缺乏深层次的理解。一些大学毕业生往往把未来生活理想化，对角色的期望值过高，一旦接触现实，就容易产生一种失落感，出现情绪低落的现象，如不能及时从这种失望中摆脱出来，将会影响自己尽快进入新的角色。

3. 对职业角色的畏惧

大学生初入职场，面对新的工作环境和生疏的人际关系，以及对新职位的不了解和经验的缺乏，在做事时容易畏首畏尾，不愿去主动承担责任，缺乏自信心。一些大学生在工作中放不开手脚，看到别人工作经验丰富、驾轻就熟，相比之下觉得自己这也不行、那也不行，不知工作应从何入手，担心自己做错了事会留下不好的印象。

4. 对自身定位的偏颇

有一些毕业生对人才的理解不够全面和准确，认为自己接受了传统的、正规的高等教育，拿到了文凭，学到了知识，已经是比较高层次的人才了，存在"精英"情结。他们往往看不起基层工作和基层工作人员，甚至认为一个堂堂的大学毕业生干一些琐碎的、不起眼的"打杂"工作是大材小用，有失身份和尊严，结果是大事做不来，小事又不做，甚至目空一切，使自己游离于单位或群体之外。

三、角色转换的方法和途径

1. 重视实习，初步了解职场环境

俗话说"读万卷书不如行万里路"，毕业生通过到企业实习不但可以把在学校所学知识和技能运用于工作实践中，还可以通过实习了解社会和职场，明确自己的职业定位，初步完成心理转换。实习为大学生提供了一个更加深入接触社会、了解社会的平台，作为学生角色向职业角色转换的一个过渡，可以帮助学生更好地适应社会，提前认识到社会的现实，明确自己与岗位的差距以及自己与职业理想的差距，为即将到来的职业生涯做好准备。

2. 充分了解工作，掌握主动

作为一个职业岗位的新手，要想尽快地适应工作的要求，须充分地了解工作环境的情况，熟悉工作的特点和规律，从而对新的工作有个比较全面的认识和把握。

3. 建立良好的人际关系

良好的人际关系对处于适应期的职场新人有着至关重要的作用。大学生要学会恰当观察人事关系，多做少说，学会换位思考，这样会赢得同事的认可，尽快适应职场。

4. 学会控制情绪

每个人都有情绪不佳的时候，此时人的思维和行为都会受到影响。对于一个成年且步

入职场的人来说，需要学会控制自己的情绪，不要把日常的情绪带到工作当中，要认真努力地完成日常工作任务。

5. 重视岗前培训

很多企业在新员工入职前，都会对他们进行岗前培训。大学生一定要重视岗前培训，通过岗前培训来了解工作内容、职责及有效的工作方法，使自己快速融入职场生活，以大大缩短角色转变的时间。

6. 避免工作失误

刚步入社会的大学生，要尽可能地避免工作失误，不要给企业和团队造成不必要的损失，否则容易让领导觉得你的工作能力有问题。要想有效避免工作失误，大学生可以做好以下几项工作：

(1) 努力提升自身能力，能力提升了，工作效率和准确率自然会得到提高。

(2) 多向前辈请教，在请教的过程中工作能力自然就会提升，从而更不容易出错。

(3) 严格按照公司流程办事，遵守相关程序，不要随意打破。

(4) 工作中多注重细节，不要忽视细节。正所谓"细节决定成败"。

7. 勇于挑战自我

对于刚走上工作岗位的大学生来说，应该胸怀大志并严格要求自己。大学生要在工作中不断挑战自我，主动接受新的工作内容来锻炼自己，遇到问题要勤于思考；要在工作中逐步形成自己的见解和看法，培养独立工作的能力。只有这样，大学生才能在职业生涯道路上节节攀升，最终取得事业的成功。

四、适应职场生活

（一）树立良好的第一印象

良好的第一印象是职业形象的成功开端，在新工作单位，在完全陌生的岗位上，建立良好的第一印象对于职场新人立足新岗位和打开局面是非常重要的。

(1) 仪表端庄。仪表是职业形象的基本外在特征，端庄的仪表会给人留下良好的第一印象。初到工作单位，无论女生还是男生都要着装得体，衣服不一定要华丽，但要同自己的身份相符，关键是要保持良好的精神状态、积极向上的良好形象。

(2) 举止大方。良好的言谈举止是自身修养的最佳表现。初到工作单位，一定要注意言谈举止文明，做到彬彬有礼，要落落大方、口齿清晰地进行简要的自我介绍，态度真诚地请教有关工作情况，这将有助于在同事中树立良好的第一印象。

(3) 收敛个性。学生在学校多强调的是"个性"，学校也鼓励学生的个性发展，但在工作单位强调的是团队精神和严谨的工作纪律，在这里需要的不是个人独秀，而是团队之间的默契配合，用集体的智慧力量完成工作。

(4) 虚心好学。虽然大学毕业生掌握了不少基础理论和专业知识，比单位里的一些同事学历要高，但走上工作岗位，必须树立"从零开始"的思想，从一点一滴做起，从小事干起，不能眼高手低、好高骛远。

(5) 遵纪守信。遵守时间、遵守纪律、讲求信用，这既是职业道德的基本要求，也是建立良好印象的关键。大学生在岗位上的足时工作，是爱岗敬业的表现，也是团结同事、尊敬同事的表现，可以赢得别人的信赖和尊敬。

（二）建立和谐的人际关系

刚走上工作岗位的大学毕业生在谈到工作体会时，最多的话题就是如何正确处理人际交往中的关系。建立和谐的人际关系是促进个人成长成才的关键因素之一，也能反映出一个人处理人际关系的能力，对于初涉社会的毕业生来讲有着极其重要的意义。

1. 与领导相处

领导直接管理和评价下属的工作，对下属的职业发展和职位升迁有很大程度的裁决权，所以处理好与领导之间的关系是十分重要的。作为下属的大学毕业生，要与领导建立一种和谐的关系，就要尊重领导，自觉地服从工作安排，力争圆满完成领导交办的任务。

(1) 积极工作，主动沟通。积极并且高效地完成领导交代的工作任务，这是与领导和睦相处的基本法则。增进与领导的沟通，不仅可以及时得到指点，使你尽快全面地了解自己所从事的工作，有利于尽快确定自己事业上的发展方向，而且还可以让领导及时知道你的想法和见解，供领导做决策时采纳和考虑。

(2) 注重礼仪，维护权威。良好的形象是领导经营管理的核心和灵魂。作为下属，不应和领导，尤其是顶头上司怄气。要注意维护领导的权威，不能在背后贬低领导，更不能当面指责领导。要善于发现领导的闪光点，明白领导抓的是全局，不可能做到样样精通，要虚心接受领导的批评指正，平时要注意与领导交往的礼仪。

(3) 尊重坦诚，不卑不亢。与领导的交往以建立正常的工作关系为目的。过分讨好领导不但有损于人格，还会引起同事的反感。与领导相处，要尊重坦诚、不卑不亢。同时，如果自己对工作有好的想法，可以在适当的时机，用适当的方式向领导直接反映，不要越级反映，更不能越权。

2. 与同事相处

跟同事打好交道很重要，你总有需要同事帮忙和支持的时候。如果你的人缘不好，到你找同事帮忙的时候就可能碰钉子。以下这几条简单的注意事项能够帮你维持良好的同事关系。

(1) 尊重同事。在工作中，如果你不小心，很可能在不经意间说出令同事尴尬的话。表面上他也许只是脸面上有些过意不去，但其心里可能已受到严重的挫伤，以后，对方也许就会因感到自尊受到了伤害而拒绝与你交往。

(2) 和平相处。同事作为你工作中的伙伴，难免有利益上或其他方面的冲突，处理这些矛盾的时候，你第一个想到的解决方法应该是和解。与同事和睦相处，体现了你处理人际关系的能力，也体现了团队精神，这既是一种生存的需要，更是工作、生活的需要。

(3) 乐于助人。任何人在工作和生活中都不可能总是一帆风顺的，难免会遇到一些困难，在同事遇到困难时伸出援助之手帮他一把，这往往会积淀成两人之间的友谊，形成一种和谐的人际关系。刚入职的大学毕业生在同事有困难时应当伸出热情的手给予帮助，而不能袖手旁观、坐视不管，更不能落井下石、见利忘义。

第二节　促进职业发展

一、职业发展的含义

职业发展是指个体逐步实现其职业生涯目标，并不断制定和实施新的目标的过程。职业发展的形式是多种多样的，包括晋升、调动的职务变动发展及工作内容丰富化、工作权责拓宽等非职务变动发展。

二、促进职业发展的策略

(1) 勤于学习，善于学习。在新的工作岗位上要学习的知识和技能很多。只有勤于学习、善于学习，才能在较短时间内适应工作的要求。特别是要学习规章制度及与岗位相关的操作规范。

(2) 学会自主开展工作。毕业生进入单位并开始工作后，由于种种原因，总是希望能够得到上司或老员工的指导和关照，不敢独自开展工作，依赖性强是新员工常有的心理。但是应该学会自主地开展工作，明确所承担的工作任务，主动做好工作进度计划，设计好完成工作任务的方法和手段，并认真实践，才能有所收获，尽快成长。

(3) 树立创新意识。大学毕业生思想活跃，充满活力，很少受到传统陈旧思想的束缚和影响，不仅掌握着当前最新的理论知识，而且对新事物、新观念有很强的领悟能力和接受能力。大学毕业生应该培养和树立自己的创新意识，在思维方法上求新求异，具备强烈的竞争意识和创造欲望，不断培养创新的能力，了解自身的创新优势，把握与本职业相关的最新信息与动态，这样才能保证在未来的职场中处于不败之地。

(4) 做好自身职业规划。就业前就应该调整好自己的期望值，在客观认识自己的基础上，结合现实条件和自身特点制订出清晰的职业发展规划。

(5) 培养团队协作意识。刚刚走上工作岗位的大学生应该尽量注意内在和外在的因素，从着装礼仪、言谈举止以及待人接物、态度品行等各方面加强修炼，从心理上认同周围的每一个人，加强与同事的交流协作，尽快在群体中找到自己的位置，形成归属感和团队意识。

第三节　培养职业道德

职业道德是社会道德体系的重要组成部分。作为社会的一员，大学生应当以社会主义核心价值观为引领，把国家、社会、公民的价值要求融为一体，树立"舍小家，为大家"的职业情怀和职业坚守；践行中华优秀传统文化，培养"遵纪守法、爱岗敬业、诚实守信、办事公道、服务群众、奉献社会"的职业道德观。

一、职业道德的内容

职业道德规范是从业者在履行本职工作或进行职业活动时，应共同遵守的各种道德规则的总和。《中共中央关于加强社会主义精神文明建设若干重要问题的决议》规定了各行各业都应共同遵守的职业道德基本规范：爱岗敬业、诚实守信、办事公道、服务群众和奉献社会。

（一）爱岗敬业

爱岗敬业作为基本的职业道德规范，是人们对工作态度的一种普遍要求，要求做到乐业、勤业、精业，干一行爱一行。爱岗与敬业紧密相连，爱岗是敬业的前提，敬业是爱岗情感的进一步升华，是对职业责任、职业荣誉的深刻认识。不论从事何种职业，只要认真负责、精益求精、不辞辛苦，就可以说是爱岗敬业。

爱岗就是热爱自己的工作岗位，热爱本职工作，就是以正确的态度对待各种职业劳动，努力培养热爱所从事的工作的幸福感、荣誉感。只有热爱岗位，才会全身心投入职业工作中，才能在平凡的岗位上做出不平凡的事业。敬业就是以极端负责的态度对待工作，它包含两层含义：一为谋生敬业；二为真正认识到爱岗敬业。对于从事的职业，大多数人都有一个从不了解到了解，从不满意到满意，从不热爱到热爱，最后达到将全身心融入职业活动中献身职业的境界的过程。

（二）诚实守信

诚实守信是中华民族传统的为人处世准则，也是社会道德和职业道德的一个基本规范。诚实就是表里如一，说老实话、办老实事、做老实人。守信就是信守诺言，讲信誉、重信用，忠实履行自己应承担的义务。诚实和守信是统一的，守信以诚实为基础，离开诚实就无所谓守信。

诚实守信不仅是做人的准则，也是做事的原则，更是树立行业形象的根本。诚实守信对企业的要求是：诚信无欺、讲究质量、信守合同。诚实守信对从业者的要求是：忠于所属企业，维护企业信誉，保守企业机密，遵章守制，秉公办事。随着市场经济的发展，市场竞争日趋激烈，无论是从业者自身，还是所服务的部门，面对竞争，他们的行为不仅要符合法律，还要符合职业道德，否则就会出现不正当竞争现象，就会导致市场活动的无序性，造成社会经济活动的混乱，危害性极大。

（三）办事公道

办事公道是指从业者在办事情、处理问题时，要站在公正的立场上，按照统一标准和统一原则办事的职业道德规范。办事公道是人们对于人和事的一种态度，是正确处理各种关系的准则，包括客观公正、照章办事、公私分明、光明磊落。办事公道的核心就是要克服私心，公正无私。不能凭感情或意气用事，更不能出于私心，从个人利益角度考虑问题、处理事情，以免滋生腐败现象。要想办事公道就要做到以下几点：热爱真理，追求正义；坚持原则，不徇私情；不谋私利，反腐倡廉；不计个人得失，不提各种权势；有一定的识别能力。

（四）服务群众

服务群众就是为人民群众服务，通过工作为群众解决困难、解除困境，使人民群众在满足需求的同时感受生活的美好。在社会生活中，人人都是服务对象，人人又都为他人服务，服务群众作为职业道德的基本规范，是对所有从业者的要求。服务群众要求做到：热情周到、急人所急、想人所想、乐人所乐。在社会主义市场经济条件下，要真正做到服务群众，首先要心中时时有群众，始终把人民的根本利益放在心上；其次要充分尊重群众，尊重群众的人格和尊严；最后要千方百计方便群众。

（五）奉献社会

奉献社会就是全心全意为社会作贡献，是为人民服务精神的最高表现，是职业道德的最高奉献。奉献社会就是不期望等价的回报和酬劳，而愿意为他人、为社会，或为真理、为正义献出自己的力量包括宝贵的生命。奉献是一种人生境界，是一种融在一生事业中的高尚人格。

奉献社会并不意味着不要个人的正当利益，不要个人的幸福，恰恰相反，一个自觉奉献社会的人，才真正找到了个人幸福的支撑点。个人幸福是在奉献社会的职业活动中体现出来的，个人幸福离不开社会的进步和祖国的繁荣。幸福来自劳动，幸福来自创造。当伟大的祖国进一步繁荣富强的时候，我们每个人的幸福自然就包括在其中，奉献和个人利益是辩证统一的，奉献越大，收获就越多。一个只索取不奉献的人，实质上是一个不受人们和社会欢迎的个人主义者。

职业道德与职业发展息息相关。如何理解职业道德？理论方面，我们必须了解中华优秀传统文化中"讲仁爱、重民本、守诚信、崇正义、尚和合、求大同"的思想精华和时代价值；实践方面，我们应当将社会主义核心价值观内化为精神追求、外化为自觉行动，自觉实践各行业的职业精神和职业规范。

二、职业道德的培养途径

职业道德修养是一种自律行为，关键在于"自我锻炼"和"自我改造"。任何一个从业者职业道德素质的提高，一方面靠他律，即社会的培养和组织的教育；另一方面取决于自己的主观努力，即自我修养。

（一）学习职业知识，锻炼专业技能

职业道德知识是指对具体的职业行为准则及其执行意义的认识。职业道德知识的掌握在职业道德认识的形成中有着极其重要的意义。只有知道应该怎样行动，认识到为什么要这样行动才有可能自觉地产生相应的道德行为。学习科学文化和专业知识，锻炼专业技能，可以增长知识和才干，最终提高履行职业道德义务的能力。

（二）参加社会实践，做到知行合一

职业道德修养离不开实践，只有积极参加各种社会实践和职业实践，才能在实践过程中使知行合一。"知"是在职业实践中通过总结经验和教训获得的正确认识，"行"是社会实践和职业实践。知行合一，就是在提高认识的同时，进一步将认识转化为信念和行为的动机，以正确的认识指导行动，做到言行一致、身体力行。

（三）进行自我反思，增强自律意识

"内省"，就是内心省察检讨，去除私心杂念，使言行规范于道德标准的要求，树立正确的道德观念。大学生在提高自身道德修养的同时，应该经常内省，善于认识自己，勇于正视缺点，敢于自我批评、自我检讨，并有决心改正缺点、扬长避短，在实践中不断地完善职业道德品质。

（四）做到自我慎独，提高精神境界

"慎独"，就是指在无人监督的情况下独立工作，仍然能谨慎地遵守道德原则而不做坏事。它是我国伦理思想史上一个特有的范畴，既是一种道德修养方法，又是指在修养中达到的一种崇高境界。"慎独"是考验一个人职业道德觉悟、自制能力的方法，是锻炼职业道德意志的机会，是衡量职业道德品质和道德修养功夫的试金石。

第四节　塑造职业精神

一、职业精神的内涵

职业精神与职业者的职业活动紧密联系，它是具有职业特征的精神，是从事某种职业应该具有的精神。社会主义职业精神由八个要素构成，分别是职业理想、职业态度、职业

责任、职业技能、职业纪律、职业良心、职业信誉、职业作风，它们相互关联，形成严谨的职业精神模式。

(1) 职业理想。社会主义职业精神所提倡的职业理想，主张各行各业的从业者要放眼社会利益，努力做好本职工作，全心全意为人民服务、为社会主义服务。职业理想是社会主义职业精神的灵魂。

(2) 职业态度。树立正确的职业态度是从业者做好本职工作的前提。职业态度具有经济学和伦理学的双重意义，它不仅揭示从业者在职业生活中的客观状况，参与社会生产的方式，同时也揭示他们的主观态度。

(3) 职业责任。职业责任包括职业团体责任和从业者个体责任两个方面。在国家与企业的责、权、利关系中，责是主导方面。职业责任是社会主义职业精神的一个重要内容，要促进从业者把客观的职业责任变成自觉履行的道德义务。

(4) 职业技能。根据中国职业规划师协会的定义，职业技能评定是按照国家规定的职业标准，通过政府授权的考核鉴定机构，对劳动者的专业知识和技能水平进行客观公正、科学规范的评价与认证的活动。职业技能，即指大学生将来就业所需的技术和能力。大学生是否具备良好的职业技能是能否顺利就业的前提。

(5) 职业纪律。社会主义职业纪律是从业者在利益、信念、目标基本一致的基础上形成的高度自觉的新型纪律。

(6) 职业良心。职业良心是从业者对职业责任的自觉意识，在人们的职业生活中有着巨大的作用，贯穿于职业行为过程的各个阶段，成为从业者重要的精神支柱。

(7) 职业信誉。职业信誉是职业责任和职业良心的价值尺度，包括对职业行为的社会价值做出的客观评价和正确的认识。社会主义职业精神强调职业信誉，更重视把社会的客观评价转化为从业者的自我评价，促使从业者自觉发扬社会主义职业精神。

(8) 职业作风。职业作风是从业者在其职业实践中所表现的一贯态度。从总体上看，职业作风是职业精神在从业者职业生活中的习惯性表现。职业集体有了优良的职业作风，就可以互为榜样，形成良好的职业风尚。

职业精神的实践内涵体现在敬业、勤业、创业、立业四个方面。在全面建设社会主义现代化国家、不断推进中国特色社会主义伟大事业、实现中华民族伟大复兴的征程中，从事不同职业的人都应当大力弘扬社会主义职业精神，恪尽职守，贡献自己的力量和聪明才智。

二、劳模精神

（一）劳模精神的内涵

劳模精神是指各行各业从业者在平凡岗位上做出不平凡业绩所坚持、坚守、坚定的基本信念、价值追求、人生境界及其展现出的整体精神风貌。习近平总书记指出：劳动模范身上体现的"爱岗敬业、争创一流，艰苦奋斗、勇于创新，淡泊名利、甘于奉献"的劳模精神，是伟大时代精神的生动体现。其中，爱岗敬业是本分，争创一流是追求，艰苦奋斗是作风，勇于创新是使命，淡泊名利是境界，甘于奉献是修为。

（二）大学生学习劳模精神的路径

(1) 强化学习领悟。大学生要通过学习深刻领悟劳模精神的时代内涵，端正对劳模和劳模精神的认识，深刻领悟劳模精神产生的过程，以及在此过程中所蕴含的使命感、责任感和积极性、主动性、创新性；并以此为契机加强对劳动思想、劳动精神的体验和感悟，与自己职业的选择和发展联系起来，让劳模精神成为自身职业发展的精神支柱，坚定信念，夯实政治素养，努力学习，练就过硬本领，锤炼品格，使自己成为新时代中国特色社会主义事业的合格建设者。

(2) 明确发展目标。大学生学习劳模精神，就是要将劳模精神与自身发展结合起来，在职业目标确定的过程中，做劳模精神的实践者、弘扬者和传承者，以成为新时代的奋斗者，成为有理想信念、有责任担当、有精湛技艺、有创新精神的新时代劳动者为目标，在劳动创造中实现远大理想和个人目标。自觉把人生追求融入国家富强、民族复兴的伟业之中，实现个人与集体、国家的融合发展。真正树立依靠辛勤劳动、诚实劳动、创造性劳动获取财富、实现人生价值的正确思想观念，从而为走出校园后的人生之路奠定良好的事业发展观。

(3) 倡导躬身实践。劳模精神是劳动模范工作态度、作风和方式的集中体现，大学生要充分利用工作、学习和实践等各种机会，弘扬劳模精神，感悟劳模品质。要在社会实践和职业体验中践行劳模精神，在日常的工作和学习中感悟劳模精神。要努力学习、创新学习，不断提升自身的实践能力，提升自身的科学文化素质和思想道德水平，在敬业奉献、勤勉敬业中培养劳动品质、提升劳动本领、弘扬劳模精神。

三、工匠精神

（一）工匠精神的内涵

(1) 敬业。敬业是从业者基于对职业的热爱和敬畏而产生的一种全身心投入的尽职尽责、认认真真的职业精神状态。中华民族历来有"敬业乐群""忠于职守"的传统，敬业是中华民族的传统美德，也是当今社会主义核心价值观的基本要求之一。早在春秋时期，孔子就主张人在一生中始终要"执事敬""事思敬""修己以敬"。"执事敬"，是指行事要严肃认真、不怠慢；"事思敬"，是指做事要专心致志、不懈怠；"修己以敬"，是指加强自身修养，保持恭敬谦逊的态度。

(2) 精益。精益就是精益求精，是从业者对每一件产品、每一道工序都凝神聚力、精益求精、追求极致的职业品质。

(3) 专注。专注就是内心笃定，着眼于细节的耐心、执着和坚持的精神，这是一切"大国工匠"所必备的精神特质。从古今中外的实践经验来看，工匠精神都意味着"执着"，即一种几十年如一日的韧性与坚持。"术业有专攻"，一旦选定行业，就一门心思、持之以恒，在一个细分领域上不断积累优势，在各自的领域成为"领头羊"。在中国古代就有"艺痴者技必良"的说法，如《核舟记》中记载的奇巧人王叔远、《庄子》中记载的游刃有余的"庖丁"等。

(4) 创新。工匠精神还包括追求革新、突破的创新内蕴。古今中外，热衷于创新和发明的工匠们一直是世界科技进步的主要推动力量。中华人民共和国成立初期，我国涌现出一大批优秀的工匠，如倪志福、郝建秀等，他们为社会主义建设作出了突出贡献。改革开放以来，"汉字激光照排系统之父"王选，"中国第一、全球第二的充电电池制造商"王传福，带领团队研发创造世界领先的 5G 技术的任正非，从事高铁研制生产的铁路工人，从事特高压、智能电网研究运行的电力工人等，都是工匠精神的优秀传承者，他们让中国创新再次影响了世界。

（二）工匠精神的层面

工匠精神在个人层面就是一种认真精神、敬业精神。其核心是不仅仅把工作当作养家糊口的工具，而是要树立对职业敬畏、对工作执着、对产品负责的态度，极度注重细节，不断追求完美和极致，给客户无可挑剔的体验。我们要将一丝不苟、精益求精的工匠精神融入每一个环节，做出一流的、打动人心的产品。与工匠精神相对的则是"差不多精神"，满足于差不多就行了，而不是追求 100% 的完美。我国制造业目前还存在大而不强、产品档次整体不高、自主创新能力不够强等现象，这与缺乏工匠精神、存在"差不多精神"有一定关系。

工匠精神在企业家层面可以认为是企业家精神，具体表现在以下几个方面：① 创新是企业家精神的内核。企业家通过产品创新到技术创新，再到市场创新、组织形式创新等全面创新，从创新中寻找新的商机，在获得创新红利之后继续投入、促进创新，形成良性循环。② 敬业是企业家精神的动力。有了敬业精神，企业家才有全身心投入企业发展中的不竭动力，才能够把创新当作自己的使命，才能使产品、企业拥有更强的竞争力。③ 执着是企业家精神的底色。在企业处于低谷时，其他人也许选择退出，唯有具备工匠精神的企业家不仅不会退却，而且会迎难而上，克服困难，继续坚守。改革开放 40 多年来，我国涌现出一大批有胆有识、有工匠精神的企业家，但也有一些企业家缺乏工匠精神，这也是经济发展的隐忧所在。

▶▶ 🔊 思考题

1. 在职业生涯规划中，你的职业定位是怎样的？
2. 根据你的职业定位，简述你所了解到的职场环境及你为此做了哪些准备。

参 考 文 献

[1]　刘永亮，卢文澈. 职业生涯规划与就业指导 [M]. 西安：西安交通大学出版社，2021.

[2]　王培俊. 职业规划与创业体验 [M]. 4 版. 北京：高等教育出版社，2021.

[3]　叶蓉，冯玫. 大学生职业指导 [M]. 3 版. 北京：高等教育出版社，2021.

[4]　沈德立. 大学生心理健康 [M]. 北京：高等教育出版社，2013.

[5]　何慧刚. 大学生职业生涯规划与就业创业指导 [M]. 2 版. 北京：中国财政经济出版社，2021.

[6]　戴裕崴. 高职职业生涯规划与就业创业指导 [M]. 5 版. 北京：高等教育出版社，2022.

[7]　何玲霞，袁畅. 大学生职业发展与就业指导 [M]. 北京：高等教育出版社，2020.

[8]　由建勋. 大学生职业发展与就业指导 [M]. 北京：高等教育出版社，2018.

[9]　刘建华，张卫建. 大学生职业生涯规划与就业指导 [M]. 北京：科学出版社，2018.

[10]　杨炜苗. 大学生职业生涯规划与就业指导 [M]. 北京：清华大学出版社，2020.

[11]　储克森，姚晓峰. 职业生涯规划与就业指导 [M]. 北京：机械工业出版社，2020.

[12]　杨彬，王佩然，李小红. 大学生就业指导 [M]. 3 版. 北京：人民邮电出版社，2019.

[13]　李宪平，郭海峰. 大学生职业生涯规划与就业指导 [M]. 哈尔滨：哈尔滨工业大学出版社，2019.

[14]　金德禄. 大学生职业生涯规划与就业指导 [M]. 2 版. 南京：东南大学出版社，2020.

[15]　吴海江，梁琳，马莉. 大学生职业发展与就业指导 [M]. 北京：中国人民大学出版社，2020.

[16]　肖辉，周海，吴计生. 大学生就业指导 [M]. 北京：中国水利水电出版社，2018.

[17]　赵秋，黄妮妮，姚瑶. 大学生就业指导 [M]. 北京：北京师范大学出版社，2020.

[18]　孙鑫，李华. 大学生职业生涯规划与就业指导 [M]. 北京：中国电力出版社，2019.

[19]　才晓茹，夏立平. 职业规划与就业指导 [M]. 北京：人民卫生出版社，2019.

[20]　李琦，杨俊峰，张丽然. 职业发展与就业指导 [M]. 北京：清华大学出版社，2020.

[21]　张福仁，孟延军，杨彬. 大学生就业指导 [M]. 4 版. 北京：人民邮电出版社，2021.

[22]　李雄鹰. 大学生心理健康教程 [M]. 西安：西安交通大学出版社，2019.